汽车专业项目一体化课程

汽车定期维护实训指导书

孙兵凡 主 编 ◀◀◀

化学工业出版社

·北京·

简 介

以丰田卡罗拉1.6AT轿车4万千米保养作业为例。

丰田卡罗拉1.6AT轿车4万千米保养作业由《举升机的规范操作》《车辆前期准备和安全检查规范》《灯光的检查规范》《风挡玻璃喷洗器及刮水器的检查调整规范》《转向盘、驻车制动器制动踏板的检查（含喇叭）规范》《轮胎的检查规范》《制动器的检查规范》、《底盘螺栓松动和底盘部件密封状况检查规范》《机油、机油滤清器的更换操作规范》《蓄电池的检查规范》十个实习任务模块构成。

目 录

模块一　举升机的操作规范 1

模块二　车辆前期准备和安全检查规范（含油液）................. 12

模块三　汽车灯光检查规范 32

模块四　风挡玻璃喷洗器及刮水器的检查调整规范 43

模块五　转向盘、驻车制动杆和制动踏板的检查（含喇叭）规范 51

模块六　轮胎的检查规范 58

模块七　盘式制动器的检查规范 65

模块八　底盘螺栓松动和底盘部件密封状况检查规范 72

模块九　机油、机油滤清器的更换操作规范 85

模块十　蓄电池的检查规范 94

模块一

举升机的操作规范

一、教学模块名称

举升机的操作规范。

二、教学场景设计

如图 1-1 所示,教学场景要求有带剪式举升机的作业工位、丰田卡罗拉 1.6AT 轿车、车轮挡块 4 块、支撑垫块 4 块、多媒体教学设备。

　　　　（a）　　　　　　　　　　　　　（b）　　　　　　　　　　　　　（c）

图 1-1　举升机的规范操作教学场景

三、工作安全

（1）保证举升机及控制装置工作情况正常。
（2）严格按照举升机操作规程操作。
（3）确保车辆支撑位置正确,支撑牢固。
（4）举升机上升、下降之前,操作人员必须大声提醒,确保四周无人员及其他障碍物方可操作举升机进行上升或下降作业。

四、教学目标和工作任务

1．教学目标

（1）了解举升机的一般类型及各自使用特点。
（2）熟悉轿车举升支撑的正确位置。
（3）能规范使用举升机进行车辆的升降操作。

2．工作任务

（1）举升机类型认知。
（2）车辆举升位置认知。
（3）举升机升降车辆操作。

五、知识链接（多媒体结合实物讲解）

1. 汽车维修企业常用举升机的类型 目前汽车维修企业有三种类型的举升机（图1-2）：板条型（包括剪式）、摆臂型和4柱提升型。不同类型的举升机具有不同的升降功能、支承柱和支承方法。

2. 举升机的设置

（1）把车辆置于举升机中心（图1-3）。

（2）把板和臂固定到修理手册所标示的位置上。

注意：如图1-4所示，对于摆臂型举升机，要调整支架直到车辆保持水平为止；始终要锁住臂；对于围框提升型举升机，要使用车轮挡块和安全机构；对于板条型举升机，如果修理手册指出要使用板提升附件，应将板提升附件位置对准车辆被支承部位，切勿让板提升附件伸出板外。

3. 举升机的上升下降注意事项（图1-5）

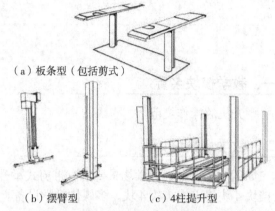

（a）板条型（包括剪式）
（b）摆臂型　（c）4柱提升型

图1-2　举升机的类型

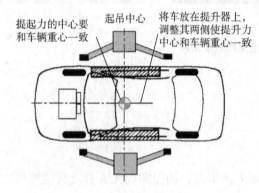

图1-3　举升机和车辆举升设置（一）

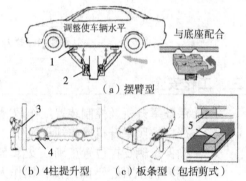

（a）摆臂型
（b）4柱提升型　（c）板条型（包括剪式）

图1-4　举升机和车辆举升设置（二）

1—支架；2—臂锁；3—锁止；
4—车轮挡块；5—板提升附件（垫块）

（1）在抬升和降下举升器前要先进行安全检查，并向其他人发出举升器即将启动的信号。

（2）一旦轮胎稍离地，即要检查车辆支承是否合适。

（3）将所有的行李从车上搬出并提升空车。

（4）检查一下车辆，除支承部件外，没有其他部件在现场。

（5）切勿提升超过举升器提升极限的车辆。

（6）带有空气悬架的车辆因其结构关系需要特别处理。请参考维修手册说明。

图1-5　举升机的上升下降注意事项

（7）在提升车辆时切勿移动车辆。
（8）在拆除和更换大部件时要小心，因为汽车重心可能改变。
（9）切勿将车门打开提升车辆。
（10）如果在一段时间内未完成作业，则要把车放低一些。

六、作业技术规范流程（以剪式举升机为例）

步骤	作业项目	作业图解	技术规范
步骤一	将车辆置于举升机工位	取出车内大件行李 车辆驶上举升工位 拉紧驻车制动器	**技术要求：** （1）取出车内的大件行李 （2）驾驶车辆，将车辆驶上举升工位 （3）拉紧驻车制动器 **安全警告：** （1）驾驶车辆时，一定要由有驾照的工作人员操作，并确保学生和车辆安全 （2）一定要拉紧驻车制动器，以防车辆移动 （3）一定要搬出车内大件行李 **易发问题：** （1）车辆停放位置不正确 （2）后备厢内有较重的物品未取出 （3）未拉紧驻车制动器

续表

步骤	作业项目	作业图解	技术规范
步骤二	安装举升机支承垫块	安装举升机支承垫块	**技术要求**：支承垫块位置应对准车辆被支承部位 **安全警告**：切勿将支承垫块伸出板外 **易发问题**： （1）支承部位不正确 （2）支承垫块太靠里侧或外侧 （3）支承垫块伸出板外
步骤三	发出举升机准备举升的信号		**技术要求**：同学甲站在举升机操作台前，高声发出举升信号："请注意，举升机准备上升！" **安全警告**：喊声要响亮，环视四周，并聆听配合者的应答 **易发问题**： （1）未发出举升提示信号直接操作举升机进行举升作业 （2）发出举升提示信号时声音太低
步骤四	发出举升机可以举升信号		**技术要求**：同学乙在听到同学甲发出举升机准备举升信号，用眼睛环顾车辆周围，仔细检查，在确认没有影响举升安全的物体或人的情况下，目视举升者（同学甲）大声喊出："车辆周围无障碍物，可以举升！" **安全警告**： （1）一定要检查待举升车辆周围是否有障碍物，以免存在安全隐患 （2）车辆周围检查一定要认真、仔细 （3）检查车辆周围时绝对不能心不在焉 **易发问题**： （1）未进行安全确认直接举升车辆 （2）发出的声音太低 （3）安全检查部认真、不仔细，检查者心不在焉

续表

步骤	作业项目	作业图解	技术规范
步骤五	举起车辆使车轮即将离开地面		**技术要求：** （1）将电路、气路开关闭合 （2）按住举升机控制台上的"上升"按钮，将车辆举升至车轮即将离开地面的状态，松开"上升"按钮 **安全警告：**车轮离开地面可能存在安全隐患 **易发问题：** （1）电路、气路开关忘记闭合 （2）被举升车辆的车轮离开了地面
步骤六	再次检查举升机支承垫块安装情况		**技术要求：**蹲下，仔细确认支承垫块是否对准车辆被支承部位。支承垫块不允许歪斜 **特别提醒：**如果支承垫块位置不正确，必须降下举升机重新安放 **安全警告：**支承垫块位置不正确会存在安全隐患 **易发问题：** （1）不进行支承垫块支承位置检查 （2）检查时不认真、不仔细 （3）发现支承垫块位置不对不予纠正，继续作业
步骤七	检查车辆支承牢固情况		**技术要求：**甲、乙同学分别在前后保险杠或翼子板处采用下压方式检查车辆支承是否牢靠 **安全警告：** （1）不允许按压发动机舱盖等易变形处 （2）按压时的力量要适中 **易发问题：** （1）按压发动机舱盖使之出现凹陷变形 （2）未检查车辆支承牢固情况 （3）按压时用力过猛，造成车辆剧烈晃动

续表

步骤	作业项目	作业图解	技术规范
步骤八	再次发出举升机准备举升信号，进行举升安全检查	 	**技术要求**：甲、乙同学配合完成该项工作，每位同学操作的技术要求同步骤三和步骤四 **安全警告**：同步骤三和步骤四 **易发问题**：同步骤三和步骤四
步骤九	按住举升机上升按钮，举起车辆	 按住举升机上升按钮 	**技术要求**： （1）按住上升按钮，进行车辆举升 （2）在车辆举升的过程中，操作人员要密切注意举升机周围和被举升车辆本身的情况，以免存在安全隐患 **安全警告**： （1）操作者眼睛要始终观察举升机周围和车辆本身的情况，遇到安全隐患应及时停止举升作业 （2）在车辆举升的全过程中，不允许在车辆周围或下部进行任何其他作业 **易发问题**： （1）车辆举升过程中，操作人员精力不集中；眼睛东张西望，不注意观察举升机周围和车辆本身的情况 （2）发现问题不立即停止举升作业，仍继续进行车辆举升

续表

步骤	作业项目	作业图解	技术规范
		 车辆举升过程中要注视举升机和被举升车辆	（3）车辆举升过程中，另一同学或其他人在车辆周围转悠或进行其他作业
步骤十 	车辆举到适宜高度后，将举升机安全锁止	操作举升机控制柜上的"上升"按钮  车辆举到适宜高度	**技术要求：** （1）待被举升车辆被举升到适宜的作业高度（作业位置）后，放开举升机控制柜上的"上升"按钮，并按下举升机控制柜上的"锁定"按钮 （2）确认举升机安全锁止后，发出"举升机锁止安全，可以作业！"的指令，然后开始相应作业项目的作业 **安全警告：** （1）在车辆整个举升过程中，操作人员要始终注意观察举升机周围及被举升车辆的情况，遇到安全隐患应立即停止举升作业 （2）切勿超出举升机最大举升高度，否则容易损坏举升机 **易发问题：** （1）忘记锁止举升机或举升机锁止不可靠 （2）已经达到举升机最大举升高度，但仍按住"上升"按钮继续举升

续表

步骤	作业项目	作业图解	技术规范
步骤十一	完成车辆作业工作任务，发出准备降下举升机信号		**技术要求**：在完成车辆相关作业后，同学甲高声发出"请注意，举升机准备下降！"的提示信息 **安全警告**：声音要响亮，要环视举升工位周围，并聆听配合者的应答 **易发问题**： （1）未发出举升机下降提示信息，直接进行举升机下降操作 （2）发出"请注意，举升机准备下降！"的声音太低，无法达到提示配合作业者进行举升安全检查和提示车辆周围人注意的作用
步骤十二	发出举升机可以下降信号		**技术要求**：同学乙在听到同学甲"请注意！举升机准备下降"的提示信息后，站在车辆另一侧，目视检查车辆周围，确认车辆周围没有影响车辆安全下降的障碍物后，目视举升机操作者高声发出"车辆周围无障碍物，可以下降！"的回应信息 **安全警告**： （1）一定要进行车辆周围是否有障碍物的检查 （2）检查完毕在确认车辆周围无障碍物的情况下，一定要高声发出"车辆周围无障碍物，可以下降！"的回应信息 **易发问题**： （1）同学乙未进行车辆周围安全检查，或检查不认真、不仔细就直接回应 （2）同学乙没有发出安全检查回应 （3）同学乙喊声太低，同学甲无法听到

续表

步骤	作业项目	作业图解	技术规范
步骤十三	将车辆下降到相应作业位置或完全降下		技术要求： （1）解除举升机锁止 （2）按住举升机控制柜上的"下降"按钮 （3）将车辆下降到相应的作业高度位置或完全降下后锁止 （4）如果是作业完毕需要将车辆完全降下，一定要使举升机板条回到最低位置，车轮完全着地 安全警告： （1）在车辆下降的过程中，操作人员要始终注意观察举升机周围和车辆的情况，发现安全隐患应立即停止作业 （2）在车辆下降的过程中，不允许在车辆下部或车辆周围进行任何其他作业 易发问题： （1）未解除举升机锁止便操纵按钮进行下降作业 （2）举升机下降作业过程中，操作人员精神不集中，东张西望 （3）完全降下举升机时，举升机板条位降到最低位置，车轮没有完全着地
步骤十四	取出举升机支承垫块并放回原位，关闭举升机电源开关		技术要求： （1）取出举升机支承垫块，并将支承垫块放到规定位置 （2）关闭举升机电源开关 易发问题： （1）忘记取出举升机支承垫块 （2）举升机支承垫块乱放或摆放不整齐 （3）忘记关闭举升机电源开关

模块一 举升机的操作规范

续表

步骤	作业项目	作业图解	技术规范
步骤十五	填写作业工单（"七、作业工单"）		**技术要求：** （1）正确的项目打"√"，错误的项目打"×" （2）字迹要工整 （3）作业项目填写完整 （4）工单填写完毕一定要复查 **易发问题：** （1）未填写作业工单 （2）作业工单填写混乱 （3）字迹潦草 （4）工单填写项目不完整 （5）工单填写完毕未复查
步骤十六	进行设备和场地的5S现场整理工作		**技术要求：** （1）整理、整顿、清洁、清扫、素养 （2）车身上凡是作业过程中动过的部位均应用干净抹布清洁 （3）地面必须用拖把清洁 （4）举升机控制柜必须清洁 （5）所有废弃物必须分类丢弃 （6）所有物品必须归位 **安全警告：**不要用潮湿的抹布清洁电器开关、按钮等 **易发问题：** （1）清洁工作马马虎虎，应付差事 （2）废弃物未丢弃或未分类丢弃 （3）清洁不彻底、漏项

七、作业工单

步骤	作业记录	作业内容
1		车辆置于举升机工位
2		安装举升机支承垫块
3		发出举升机准备举升的信号
4		发出举升机可以举升信号（由配合人员完成）
5		按上升按钮，举起车辆使车轮即将离开地面

续表

步骤	作业记录	作业内容
6		再次检查举升机支承垫块安装情况（可由配合人员共同完成）
7		检查车辆支承牢固情况（可由配合人员共同完成）
8		再次发出举升机准备举升信号
9		按举升机上升按钮，举起车辆
10		举到适宜高度后，将举升机锁止
11		完成车辆作业工作任务，发出准备降下举升机信号
12		发出举升机可以下降信号（由配合人员完成）
13		按举升机控制柜下降按钮，降下车辆至相应高度或降下举升机至车轮轮胎完全着地
14		取出举升机支承垫块并放回原位，关闭举升机电源开关
15		填写工单
16		进行设备和场地的5S现场整理工作

八、教学评价

评价内容	配分	序号	具体指标	分值	学生自评	小组评分	教师评分
仪容仪表	15	1	工作服、鞋、帽穿戴整洁	5			
		2	发型、指甲等符合工作要求	5			
		3	不佩戴首饰、钥匙、手表等	5			
工作安全	25	4	举升机操作前大声提醒	5			
		5	认真观察周围安全情况	5			
		6	支承垫块安装位置正确	5			
		7	操作过程沉着冷静	5			
		8	无人员受伤及设备损伤事故	5			
工作过程	35	9	车辆置于举升机中心	5			
		10	正确安装举升机支承垫块	5			
		11	操作举升机上升到规定高度	10			
		12	正确降下举升机	10			
		13	支承垫块放回原位、关闭电源	5			
职业素养	25	14	举升机使用说明书的使用	5			
		15	学员之间的配合默契	5			
		16	在规定时间完成	5			
		17	填写工单	5			
		18	5S工作	5			
			综合得分	100			

模块一 举升机的操作规范

模块二
车辆前期准备和安全检查规范（含油液）

一、教学模块名称

车辆前期准备和安全检查规范

二、教学场景设计

有举升机的操作工位、丰田卡罗拉 1.6AT 轿车、工作台、车轮挡块、地板垫、翼子板布、方向盘套、座椅套、前格栅布、数字式万用表、清洁用抹布，教学场景如图 2-1 所示。

(a)　　　　　　　　　　　　(b)　　　　　　　　　　　　(c)

图 2-1　车辆前期准备和安全检查规范教学场景

三、工作安全

（1）按照车辆前期准备和安全检查的规范进行作业。
（2）不得损坏车辆和装备，不造成人身伤害。
（3）做好现场 5S 工作。

四、教学目标和工作任务

1. 教学目标

（1）了解车辆前期准备和安全检查的重要性。
（2）掌握车辆前期准备和安全检查的内容。
（3）熟练掌握车辆前期准备和安全检查规范。
（4）能编制合理的车辆前期准备和安全检查流程。

2. 工作任务

（1）车辆前期准备作业。
（2）车辆安全检查作业。

五、作业技术规范流程

步骤	作业项目	作业图解	技术规范
步骤一	★将车辆停放在举升机位	 将车辆开上举升机位  停放车辆时应避免斜置  避免车辆偏向一侧	**技术要求:** (1) 将车辆驶上举升机位,车辆应位于举升机位的正常举升位置 (2) 车辆中心轴线应和举升机对称面在同一平面内,车辆不允许偏向任一侧或一端 **安全警告:** (1) 在移动车辆时,要注意检查车辆周围是否有障碍物 (2) 必须由具有驾驶经验的人员移动车辆。未获得驾驶资格的人员禁止移动车辆 **易发问题:** 车辆停放在举升机位置时,车辆偏斜 **知识链接:** 举升机的类型和操作方法
步骤二	★放置车轮挡块	 车轮挡块放置完毕状态	**技术要求:** (1) 车轮挡块可放置在任意车轮的前后 (2) 车轮挡块要与轮胎外边沿平齐 **安全警告:** 在放置车轮挡块时,车轮挡块不能撞击轮胎或轮毂,以免对车轮造成损伤

续表

步骤	作业项目	作业图解	技术规范
		避免车轮挡块超出车轮外边缘 避免车轮挡块放斜	易发问题： （1）车轮挡块超出车轮外边沿，形成作业过程中的障碍物 （2）车轮挡块放斜，无法有效掩挡车辆
步骤二	★打开驾驶员侧车门	操纵遥控钥匙并打开驾驶员侧车门	技术要求： （1）按下遥控器上的开锁按钮，拉开驾驶员侧车门 （2）操纵玻璃升降开关，降下车窗玻璃 安全警告：在打开车门时要防止车门碰伤操作人员（曾经有学员发生类似事情） 易发问题： （1）未按遥控器开锁按钮就用手拉车门把手 （2）车窗玻璃未完全降下
	★降下车窗玻璃	操纵玻璃升降开关，完全降下车窗玻璃	

续表

步骤	作业项目	作业图解	技术规范
步骤四	★放置地板垫	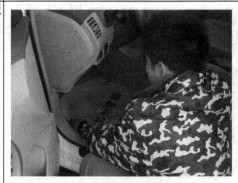 放置地板垫 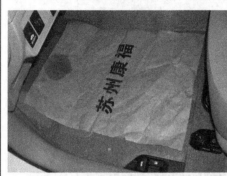 地板垫放置完毕状态  避免地板垫放置歪斜、不到位 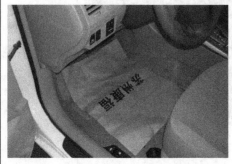 避免品牌标识或单位名称倒置	技术要求： （1）地板垫放置要平整，不允许歪斜 （2）地板垫上的品牌标识和单位名称正向应朝向车辆前方 （3）地板垫有品牌标识和单位名称一面朝上 友情提醒：在放置地板垫时，手中的其他物品如座椅套、方向盘套等不允许放在驾驶员座椅、乘员座椅、仪表台等部位 易发问题： （1）地板垫被撕裂 （2）地板垫未放平 （3）地板垫上的品牌标识和单位名称正向朝后或将地板垫横置 （4）地板垫有品牌标识和单位名称的一面朝下放置

模块二 车辆前期准备和安全检查规范（含油液）

续表

步骤	作业项目	作业图解	技术规范
步骤五	安装座椅套	安装座椅套 座椅套安装完成状态	技术要求：双手安装座椅套。座椅套应将座椅全部罩住 易发问题：对于塑料布类的座椅套，在安装的过程中撕裂（破）座椅套
步骤六	安装方向盘套	安装方向盘套	技术要求：双手操作安装方向盘套。方向盘套应完全罩住方向盘 易发问题： （1）方向盘套未将方向盘完全罩住 （2）在安装的过程中撕裂方向盘套

续表

步骤	作业项目	作业图解	技术规范
		 方向盘套安装后的状态 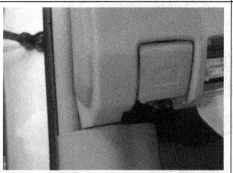 避免方向盘套安装不到位或撕裂	
步骤七	拉动发动机舱盖释放拉手	 发动机舱盖释放拉手位置 手拉发动机舱盖释放拉手	**知识链接**：发动机舱盖释放拉手位于仪表台左下侧（图），释放拉手上有图标指示 **技术要求**：用右手四指向外拉动发动机舱盖释放拉手 **易发问题**：用力过猛导致发动机舱盖释放拉手损坏

续表

步骤	作业项目	作业图解	技术规范
步骤八	打开发动机舱盖	 发动机舱盖刚开启状态  用手拨动挂钩  掀开发动机舱盖	**知识链接**：发动机舱盖用挂钩钩住，防止发动机舱盖在行驶过程中弹起，挡住驾驶员视线，影响行车安全 **技术要求**：用右手四指向右拨动发动机舱盖挂钩，双手向上掀开发动机舱盖到一定角度 **易发问题**：未用手拨开发动机舱盖挂钩，即双手向上拉发动机舱盖
步骤九	支承发动机舱盖	 一手支承，一手取支承杆	**技术要求**：一只手支承住发动机舱盖，另一只手拉起发动机舱盖支承杆，并将发动机舱盖支承杆可靠放入发动机舱盖上的支承孔位 **知识链接**：发动机舱盖上有两个发动机舱盖支承杆支承孔位，可根据操作者的实际情况选择其中一个支承孔位

续表

步骤	作业项目	作业图解	技术规范
 步骤十		 可靠支承发动机舱盖  发动机舱盖支承杆支承孔	**安全警告：**一定要确保发动机舱盖支承牢靠，以防在作业过程中，由于发动机舱盖支承不牢靠，导致作业人员人身伤害 **易发问题：**发动机舱盖支承杆未可靠放入支承杆孔位
	放置翼子板布和前格栅布	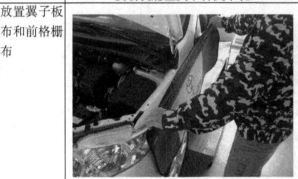 放置翼子板布和前格栅布  翼子板布和前格栅布放置状态	**知识链接：** （1）放置翼子板布和前格栅布的目的是防止作业人员衣物上的硬物品或其他物件划伤车身漆面 （2）翼子板布有长方形和带分叉形两类 （3）翼子板布和前格栅布一边内部有电磁铁，可以牢靠地吸附在车辆上 **技术要求：** （1）翼子板布要有效遮挡车身部位 （2）有品牌标识和企业名称的一面朝外 **安全警告：**在放置过程中操作人员头部碰到支起的发动机舱盖上 **易发问题：** （1）翼子板布放置靠前或靠后 （2）带叉的翼子板布遮挡翼子板不严，或者挡住车轮

续表

步骤	作业项目	作业图解	技术规范
		避免翼子板布放置不到位 避免翼子板布或前格栅布放反 避免前格栅布放置太靠上	（3）前格栅布放置太靠上，挡住散热器水管，影响水管泄漏状态检查作业
步骤十一	插入汽车排气抽气管	插入排气抽气管	知识链接： 汽车排气抽气管用来将发动机工作时排出的尾气抽排到车间外面，以免尾气污染车间，对作业人员造成人身伤害 技术要求： （1）打开汽车排气抽气管上的端盖，双手操作插入汽车排气抽气管

续表

步骤	作业项目	作业图解	技术规范
		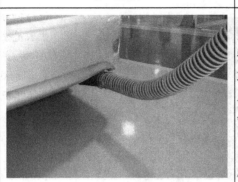 汽车排气抽气管安装状态  插入后应当检查安装是否牢靠，避免汽车排气抽气管脱落	（2）汽车排气抽气管要插入到位，以免作业过程中脱落 **安全警告**：未插入汽车排气抽气管或插入不到位，会导致汽车尾气排入车间，污染作业环境 **易发问题**： （1）漏插入汽车排气抽气管 （2）汽车排气抽气管插入不到位，作业过程中脱落
	用万用表电压挡检查蓄电池电压	 连接万用表测试表笔  万用表校零	**知识链接**： （1）万用表的类型和特点 （2）万用表使用规范 （3）测量蓄电池电压的目的和意义 （4）正确的蓄电池电压是系统正常工作的重要前提。如果蓄电池电压低于规定值，有可能导致某些系统无法正常工作 **技术要求**： （1）打开万用表电源开关 （2）正确连接测试表笔（参阅万用表使用手册正确操作） （3）对万用表进行校零操作，并记录校零前读数 （4）调节万用表旋钮，选择正确的挡位（置于电压挡） （5）打开蓄电池正极红色防护盖

续表

步骤	作业项目	作业图解	技术规范
		打开蓄电池正极桩头红色保护盖 用万用表测量蓄电池电压 盖回蓄电池正极保护盖 避免出现忘记盖回蓄电池正极保护盖问题	（6）将万用表红表笔接蓄电池正极，黑表笔接蓄电池负极 （7）待万用表显示屏显示稳定读数后，记录蓄电池电压读数。蓄电池电压不得低于11V （8）盖回蓄电池正极保护盖 （9）万用表清洁归位 **友情提醒：** （1）如果蓄电池电压低于11V，则应对蓄电池进行充电或更换蓄电池 （2）使用万用表测试前要进行校零操作 （3）万用表挡位选择要正确。挡位选择错误有可能损坏万用表 （4）严禁万用表表笔正负极接反 **易发问题：** （1）万用表表笔插接错误 （2）用万用表测量前未校零 （3）万用表挡位选择错误 （4）万用表表笔正负极接反 （5）测试完毕蓄电池正极保护盖未盖 （6）万用表未清洁归位

续表

步骤	作业项目	作业图解	技术规范
步骤十二	检查发动机机油液位和油质	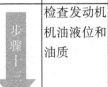 关闭万用表电源开关并归位  机油标尺位置  用抹布擦拭机油标尺  察看机油液位	**技术要求：** （1）抽出机油标尺，用抹布擦拭机油标尺上的机油 （2）完全插入机油标尺，停留片刻 （3）再次抽出机油标尺，在机油标尺处于抽出状态下察看机油液位是否处于上下刻度之间，并察看机油品质（是否变质、乳化、含有磨屑）。如果机油液位低于下刻线，一定要查明原因，并及时添加机油到规定液位；如果机油液位高于上刻线，一定要查明原因并放出多余的机油；如果机油变质、乳化要查明原因，排除故障后更换符合车辆要求的机油；如果机油中含有磨屑，应查明原因并排除故障 （4）插回机油标尺，并可靠锁止 **安全警告：** 发动机启动前必须检查发动机机油液位，以确保机油数量足够，否则容易损坏发动机 **易发问题：** （1）第一次抽出机油标尺即察看机油液位，未用抹布擦拭 （2）察看机油液位时，机油标尺不是处于抽出状态，而是一只手向上抬起机油标尺

续表

步骤	作业项目	作业图解	技术规范
		机油液位刻度标记 避免出现手往上抬的错误检查方法	
步骤十四	初次检查自动变速器油液位高度	自动变速器油标尺位 用抹布擦拭自动变速器油标尺	技术要求： （1）抽出自动变速器油标尺，用抹布擦拭自动变速器油标尺上的自动变速器油 （2）完全插入自动变速器油标尺，停留片刻 （3）再次抽出自动变速器油标尺，在自动变速器油标尺处于抽出状态下察看自动变速器油液位是否处于上下刻度之间，并察看自动变速器油品质（是否变质、乳化、含有磨屑）。如果自动变速器油液位低于下刻线，一定要查明原因，并及时添加自动变速器油到规定液位；如果自动变速器油液位高于上刻线，一定要查明原因并放出多余的自动变速器油；如果自动变速器油变质、乳化要查明原因，排除故障后更换符合车辆要求的自动变速器油；如果自动变速器油中含有磨屑，应查

续表

步骤	作业项目	作业图解	技术规范
		察看自动变速器油液位 自动变速器油液位刻度标记 避免出现手往上抬的错误检查方法	明原因并排除故障 （4）插回自动变速器油标尺，并可靠锁止 **安全警告**：车辆启动前必须检查自动变速器油液位，以确保自动变速器油数量足够，否则容易损坏自动变速器 **易发问题**： （1）第一次抽出自动变速器油标尺即察看自动变速器油液位，未用抹布擦拭 （2）察看自动变速器油液位时，自动变速器油标尺不是处于抽出状态，而是一只手向上抬起自动变速器油标尺
步骤十五	检查冷却液位	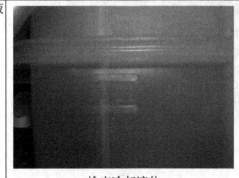 检查冷却液位	**技术要求**： （1）借助手电，观察冷却液罐，察看冷却液位是否在规定液位高度范围内（FULL与LOW之间） （2）如果冷却液位低于LOW标记，察看冷却液管路是否泄漏，无泄漏的情况下，添加冷却液至规定液位高度范围内 **安全警告**：冷却液位过低会导致发动机散热不良，甚至开锅，严重的情况下会导致发动机损坏

续表

步骤	作业项目	作业图解	技术规范
步骤十六	检查制动液位	检查制动液位	**技术要求：** （1）借助手电，观察制动液罐，察看制动液位是否在规定液位高度范围内（MAX 与 MIN 之间） （2）如果制动液位低于 MIN 标记，察看制动液管路是否泄漏，无泄漏的情况下，添加制动液至规定液位高度范围内 **友情提示：** 检查制动液位时，不可用手摇动制动液罐，用手摇动制动液罐容易导致相关连接部位松动 **安全警告：** 制动液位过低会导致制动性能不良，甚至制动失灵，严重的情况下会影响行车安全 **易发问题：** 检查制动液位时，用手摇动制动液罐
步骤十七	收起翼子板布和前格栅布，盖上发动机舱盖	收翼子板布 收前格栅布	**技术要求：** （1）收起翼子板布和前格栅布后要叠放整齐并放回原位 （2）叠翼子板布和前格栅布时要确保上面的品牌标识和文字朝外 （3）取下发动机舱盖支承杆并放回原位，牢固卡住 （4）双手放下发动机舱盖，在一定高度处放开双手，利用发动机舱盖的自身重力盖上发动机舱盖 **易发问题：** （1）翼子板布和前格栅布叠放不整齐 （2）翼子板布和前格栅布未正确归位，乱放

续表

步骤	作业项目	作业图解	技术规范
		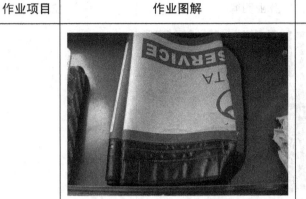 翼子板布和前格栅布归位后 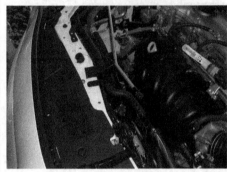 发动机舱盖支承杆归位  盖上发动机舱盖	
步骤十八	收起汽车排气抽气管并清洁排气管下方地面	 收汽车排气抽气管	**技术要求**： （1）收起汽车排气抽气管，并正确将汽车排气抽气管牢靠挂放到位 （2）用拖把将排气管下方的水清洁干净 **易发问题**： （1）忘记收起汽车排气抽气管 （2）拔下汽车排气抽气管后随手放在地上，未牢靠挂起 （3）未清洁排气管下方地面上的水

续表

步骤	作业项目	作业图解	技术规范
步骤十九	收起方向盘套、座椅套和地板垫	正确挂放汽车排气抽气管 用拖把清洁排气管下方地面 收起方向盘套、座椅套和地板垫 丢弃废弃物	技术要求： （1）依次收起方向盘套、座椅套和地板垫 （2）丢弃无法二次使用的方向盘套、座椅套和地板垫等废弃物。能二次使用的方向盘套、座椅套和地板垫应叠放整齐，放回原位 易发问题： （1）忘记收起方向盘套、座椅套和地板垫 （2）忘记丢弃废弃物

续表

步骤	作业项目	作业图解	技术规范
步骤二十	升起车窗玻璃	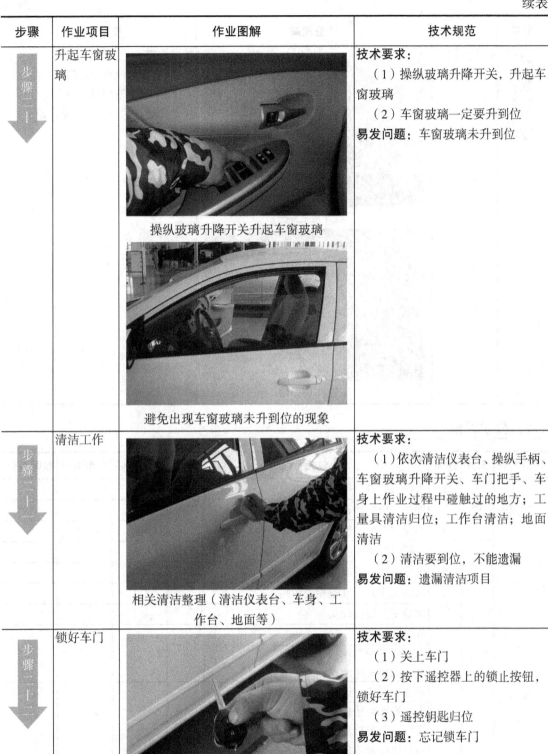 操纵玻璃升降开关升起车窗玻璃 避免出现车窗玻璃未升到位的现象	技术要求： （1）操纵玻璃升降开关，升起车窗玻璃 （2）车窗玻璃一定要升到位 易发问题：车窗玻璃未升到位
步骤二十一	清洁工作	相关清洁整理（清洁仪表台、车身、工作台、地面等）	技术要求： （1）依次清洁仪表台、操纵手柄、车窗玻璃升降开关、车门把手、车身上作业过程中碰触过的地方；工量具清洁归位；工作台清洁；地面清洁 （2）清洁要到位，不能遗漏 易发问题：遗漏清洁项目
步骤二十二	锁好车门	操纵遥控器锁车门	技术要求： （1）关上车门 （2）按下遥控器上的锁止按钮，锁好车门 （3）遥控钥匙归位 易发问题：忘记锁车门

模块二 车辆前期准备和安全检查规范（含油液）

续表

步骤	作业项目	作业图解	技术规范
步骤二十二	收车轮挡块	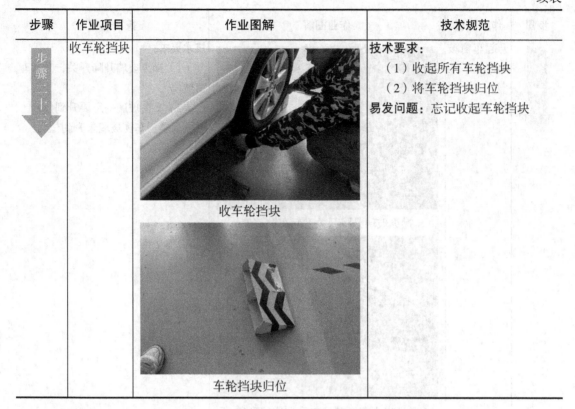 收车轮挡块 车轮挡块归位	技术要求： （1）收起所有车轮挡块 （2）将车轮挡块归位 易发问题：忘记收起车轮挡块

六、教学评价

评价内容	配分	序号	具体指标	分值	学生自评	小组评分	教师评分
仪容仪表	12	1	工作服、鞋、帽穿戴整洁	4			
		2	发型、指甲等符合工作要求	4			
		3	不佩戴首饰、钥匙、手表等	4			
工作安全	10	4	使用过程中不损伤车辆和用具	5			
		5	操作过程中没有造成人身伤害	5			
工作过程	53	6	清洁工作台、准备相关用品 现场安全检查确认	4			
		7	放置车轮挡块 未放置车轮挡块扣4分 车轮挡块与轮胎外侧不平齐扣2分	4			
		8	放置地板垫 未放置地板垫扣5分 未降下车窗玻璃扣1分 地板垫放置不规范扣1分	5			
		9	安装座椅套 未安装座椅套扣5分 座椅套安装不规范扣3分	5			

续表

评价内容	配分	序号	具体指标	分值	学生自评	小组评分	教师评分
		10	安装方向盘套 未安装方向盘套扣4分 方向盘套撕裂扣4分 方向盘套放置不规范扣3分	5			
		11	拉动发动机舱释放拉手，打开发动机舱盖	2			
		12	支承发动机舱盖 发动机舱盖支承不牢靠扣2分	2			
		13	放置翼子板布和前格栅布 未放置翼子板布一块扣1分 未放置前格栅布扣1分 放置翼子板布和前格栅布不规范一处扣1分	4			
		14	插入汽车排气抽气管 插入方法错误扣1分 插入不牢靠扣1分	2			
		15	用万用表电压挡检查蓄电池电压 万用表未校零扣1分 万用表挡位选择错误扣2分 万用表操作不规范扣1分	4			
		16	检查发动机润滑油液位 未检查发动机润滑油液位扣4分 检查方法不正确扣2分 润滑油液位判断错误扣2分	4			
		17	初次检查自动变速器油液位高度 未检查自动变速器油液位扣4分 检查方法不正确扣2分 自动变速器油液位判断错误扣2分	4			
		18	检查冷却液位 未检查冷却液位扣4分 检查方法不正确扣2分 冷却液位判断错误扣2分	4			
		19	检查制动液位 未检查制动液位扣4分 检查方法不正确扣2分 制动液位判断错误扣2分	4			
职业素养	25	20	动作规范，安全环保	5			
		21	物品排放有序	5			
		22	在规定时间完成	5			
		23	填写工单	5			
		24	5S 工作	5			
			综合得分	100			

模块三
汽车灯光检查规范

一、教学模块名称

汽车灯光检查规范。

二、教学场景设计

带剪式举升机的作业工位、丰田卡罗拉1.6AT轿车、工作台、车轮挡块、地板垫、座椅套、方向盘套、翼子板布、前格栅布、废气抽排装置、洗涤液喷射位置专用工具、多媒体教学设备，教学场景如图3-1所示。

图3-1　汽车灯光检查规范教学场景

三、工作安全

（1）整个操作过程要严格按照规范进行。
（2）保证教、学人员及设备安全。
（3）启动发动机前要大声提醒周围人员注意。

四、教学目标和工作任务

1. 教学目标

（1）熟悉灯光检查的内容。
（2）了解灯光检查的流程。
（3）掌握灯光检查的方法。

2. 工作任务

（1）认知各灯光控制开关的位置和功能。
（2）了解汽车灯光的分类、功能和安装位置。
（3）熟悉灯光控制开关的操作方法。
（4）按照规定流程进行灯光检查。

五、作业技术规范流程

步骤	作业项目	作业图解	技术规范
步骤一	★组合仪表警告灯检查操作	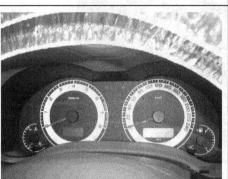 组合仪表	**技术要求**：将点火开关转到ON，检查所有的警告灯亮：放电警告灯、故障指示灯（MIL）、油压警告灯等 **安全警告**：不必启动发动机，如果启动发动机（MT）要注意挡位、驻车制动器和挡块安装
步骤二	★牌照灯、示宽灯、尾灯和仪表板灯检查操作	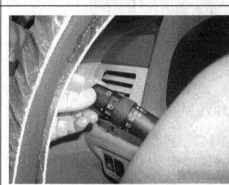 控制开关旋动一挡  示宽灯点亮	**技术要求**：将灯光控制开关旋动一挡，然后检查下列车灯是否亮起： （1）示宽灯 （2）牌照灯 （3）尾灯 （4）仪表板灯

模块三 汽车灯光检查规范

续表

步骤	作业项目	作业图解	技术规范
		牌照灯点亮 尾灯点亮 仪表板灯点亮	
步骤二	★大灯（近光灯）检查操作	灯光控制开关旋转两挡	**技术要求**：将灯光控制开关旋转两挡后进行检查

步骤	作业项目	作业图解	技术规范
		 近光灯点亮	
步骤四	★大灯（远光灯）检查操作	变光器开关向前推开  远光灯点亮	**技术要求**：将变光器开关向前推开，检查大灯（远光灯）是否发光

续表

步骤	作业项目	作业图解	技术规范
步骤五	大灯闪光器和指示灯检查操作	变光器开关向后拉起 远近光切换（变光）	技术要求：把变光器开关向后拉，大灯闪光器和指示灯正常亮或闪，实现变光

续表

步骤	作业项目	作业图解	技术规范
步骤六	左右转向信号灯检查操作	 变光器下移动信号转换开关  左转向信号灯点亮  变光器上移动信号转换开关  右转向信号灯点亮	**技术要求**：把变光器上下移动信号转换开关时，左右转向信号灯正常亮或闪

模块三 汽车灯光检查规范

续表

步骤	作业项目	作业图解	技术规范
步骤七	变光器开关自动回功能检查操作	把方向盘转到初始位置	**技术要求**：车辆正放，上（下）转动变光器开关，然后顺时针（逆时针）方向转动方向盘约90°，把方向盘转到初始位置，变光器开关自动回于中间位置 **易发问题**：用力过猛导致方向盘松动
步骤八	危险警告灯和指示灯检查操作	用手指按下危险信号开关	**知识链接**：当危险信号开关按下时，检查下面的灯正常亮或闪烁 **技术要求**：用手指按下危险信号开关，左右转向信号灯（包括侧灯）点亮

续表

步骤	作业项目	作业图解	技术规范
步骤九	停车灯检查操作	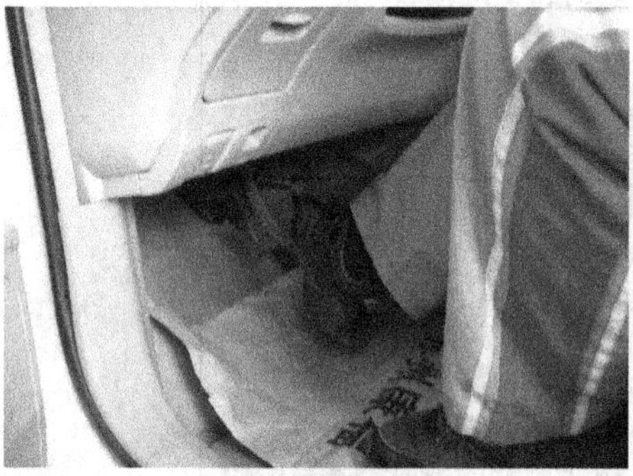 踩住制动踏板  制动灯（包括高位制动灯）点亮 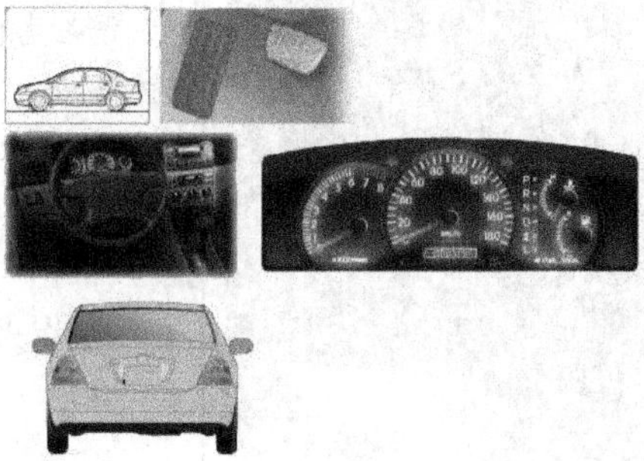	**技术要求**：踩制动踏板时，检查停车灯正常亮 **安全警告**：一定要确保在P挡，以防再作业过程中，由于松制动踏板时，车辆移动导致作业人员人身伤害

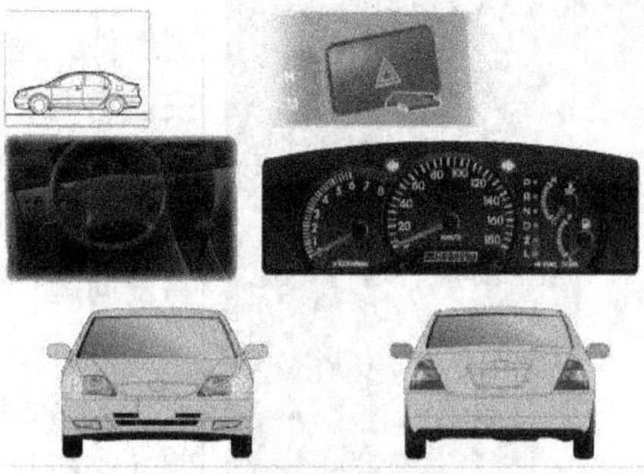

模块三 汽车灯光检查规范

续表

步骤	作业项目	作业图解	技术规范
步骤十	倒车灯检查操作	挂倒挡（R） 倒车灯点亮 	**技术要求**：踩制动踏板时，同时挂到倒挡，检查倒车灯正常亮 **安全警告**：一定要踩住制动踏板，必须先回到P挡位置，后松制动踏板 **易发问题**： （1）误操作导致发动机启动 （2）没有置P挡或N挡时，松制动踏板
步骤十一	顶灯检查操作		**知识链接**：顶灯亮的条件因车型而异，请参考修理手册 **技术要求**： （1）顶灯开关置于ON时，检查顶灯正常亮，然后开到DOOR的挡位 （2）点火开关要在ON挡位

续表

步骤	作业项目	作业图解	技术规范
		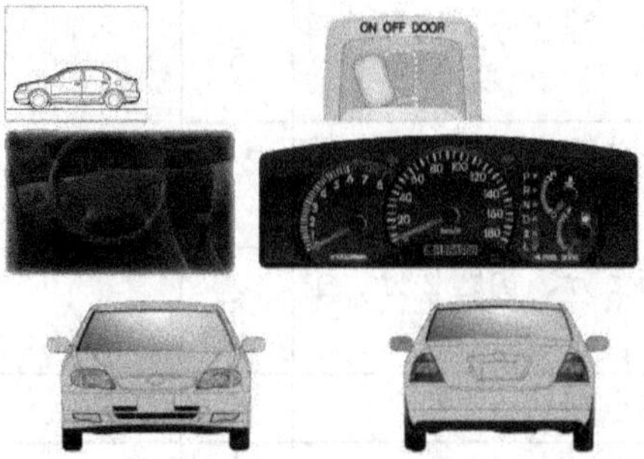 顶灯开关置于 ON，检查顶灯正常亮，然后开到 DOOR 的挡位	

六、作业工单

LH	RH	车灯
		检查示宽灯点亮
		检查牌照灯点亮
		检查尾灯点亮
		检查大灯（LO）点亮
		检查大灯（HI）和指示灯点亮
		检查大灯闪光器和指示灯点亮
		检查转向信号灯和指示灯点亮
		检查危险警告灯和指示灯点亮
		检查停车灯点亮（尾灯一起点亮）
		检查倒车灯点亮
		检查变光器开关自动返回功能
		检查仪表板灯点亮
		检查顶灯点亮
		检查组合仪表警告灯：点亮和熄灭

模块三 汽车灯光检查规范

七、教学评价

评价内容	配分	序号	具体指标	分值	学生自评	小组评分	教师评分
仪容仪表	15	1	工作服2分、鞋2分、帽穿戴整洁1分	5			
		2	发型正气3分、指甲等符合工作要求2分	5			
		3	不佩戴首饰2分、钥匙2分、手表等1分	5			
工作过程	50	4	检查示宽灯点亮	5			
		5	检查牌照灯点亮	5			
		6	检查尾灯点亮	5			
		7	检查大灯（LO）点亮	5			
		8	检查大灯（HI）和指示灯点亮	5			
		9	检查大灯闪光器和指示灯点亮	5			
		10	检查转向信号灯和指示灯点亮	2			
		11	检查危险警告灯和指示灯点亮	5			
		12	检查停车灯点亮	2			
		13	检查倒车灯点亮	5			
		14	检查变光器开关自动返回功能	1			
		15	检查仪表板灯点亮	1			
		16	检查顶灯点亮	2			
		17	检查组合仪表警告灯：点亮1分和熄灭1分	2			
职业素养	35	18	学员之间的配合默契：碰撞5分，大声交流5分	10			
		19	在规定时间完成	10			
		20	填写工单，整洁2分，如实3分	5			
		21	5S工作：及时清洁4分，处理废弃物6分	10			
			综合得分	100			

模块四

风挡玻璃喷洗器及刮水器的检查调整规范

一、教学模块名称

风挡玻璃喷洗器及刮水器的检查调整规范。

二、教学场景设计

带剪式举升机的作业工位、丰田卡罗拉 1.6AT 轿车、工作台、车轮挡块、地板垫、座椅套、方向盘套、翼子板布、前格栅布、废气抽排装置、洗涤液喷射位置专用工具、多媒体教学设备(图 4-1)。

图 4-1 风挡玻璃喷洗器及刮水器的检查调整教学场景设计

三、工作安全

(1) 整个操作过程要严格按照规范进行。
(2) 保证教、学人员及设备安全。
(3) 启动发动机前要大声提醒周围人员注意。

四、教学目标和工作任务

1. 教学目标

(1) 熟悉风挡玻璃喷洗器及刮水器的操作。
(2) 了解风挡玻璃喷洗器检查的内容。
(3) 掌握风挡玻璃喷洗器检查和调整的方法。
(4) 熟悉风挡玻璃刮水器检查的内容。

(5)掌握风挡玻璃刮水器检查和调整的方法。

(6)掌握雨刮片的更换方法。

2. 工作任务

(1)风挡玻璃喷洗器及刮水器开关认知和操作。

(2)风挡玻璃喷洗器喷射力、喷射位置以及喷射时刮水器联动检查作业。

(3)风挡玻璃喷洗器喷射区域的调整作业。

(4)前风挡玻璃刮水器间歇、高速、低速工作情况,自动回位位置及刮拭状况检查作业。

(5)雨刮片的更换作业。

五、作业技术规范流程

步骤	作业项目	作业图解	技术规范
步骤一	车辆前期准备和安全检查		**技术要求:** 参见模块二"车辆前期准备和安全检查规范" (1)放置车轮挡块,或用举升机顶起部分车辆重量 (2)放置驾驶室三件套(脚垫、座椅套和方向盘套) (3)放置翼子板布和前格栅布 (4)检查发动机室各工作液(机油、冷却液、制动液、洗涤液) (5)确认换挡杆置于P挡,拉起驻车制动器 (6)接好尾气排放装置 **安全警告和易发问题:**参见模块二"车辆前期准备和安全检查规范"
步骤二	启动发动机		**技术要求:** (1)发动机启动前,要再次确认换挡杆置于P挡,拉起驻车制动器 (2)请注意每次启动发动机的时间不宜太长 (3)如果第一次未能启动发动机,再次启动发动机时要有足够的时间间隔(15 s) **特别提醒:**在进行风挡玻璃喷洗器及刮水器的检查时,发动机必须处于怠速运转状态 **安全警告:** (1)发动机启动前,要再次确认换挡杆置于P挡,拉起驻车制动器

续表

步骤	作业项目	作业图解	技术规范
			（2）启动发动机前一定要大声提醒周围人注意，并确认发动机舱处无人再做其他操作 **易发问题：** （1）不提醒直接启动发动机 （2）不启动发动机，直接进行检查作业 （3）第一次发动机未能启动，随后间隔时间很短再次启动发动机 （4）启动发动机时间过长
步骤三	将雨刮组合开关向上方提一次		**技术要求：**将雨刮组合开关向上方提一次 **安全警告：**上提力度要适中，避免用力过猛损坏雨刮组合开关
步骤四	检查风挡玻璃喷洗器喷洒压力是否足够		**技术要求：** （1）风挡玻璃喷洗器喷洒喷射应有力 （2）如果刮水器开动时无喷洗液喷出，则刮水器电动机有可能被烧坏 **安全警告：**如果发现刮水器开动时无喷洗液喷出，应立即停止作业，以免刮水器电动机被烧坏 **易发问题：**发现刮水器开动时无喷洗液喷出，未立即停止作业导致刮水器电动机被烧坏

续表

步骤	作业项目	作业图解	技术规范
步骤五	检查刮水器是否协同工作		**技术要求**：刮水器应协同工作，停止在最低位置
步骤六	检查洗涤液喷射位置是否正确		**技术要求**：洗涤液喷射位置应集中在刮水器工作范围内 **安全警告**：洗涤液喷射位置不正确，必须调整 **易发问题**：不检查洗涤液喷射位置或洗涤液喷射位置检查不仔细
步骤七	调节喷射方向		**技术要求**：在喷嘴内插入一根与风挡玻璃喷洗器喷嘴的孔相匹配的钢丝，以便调整喷洒的方向。对准喷嘴以使喷洗器喷洒大约落在刮水器的刮水范围的中间
步骤八	检查刮水器各挡位工作情况		**技术要求**： （1）在发动机怠速运转情况下，操纵刮水器开关，分别打到间歇、低速、高速挡位，检查每只刮水器工作情况 （2）各挡停留时间要适当，不宜过短 **安全警告**：为防止划破风挡玻璃，在使用刮水器前要喷洒喷洗液 **易发问题**：各挡位停留时间过短

续表

步骤	作业项目	作业图解	技术规范
步骤九	关闭刮水器开关，检查刮水器自动停止位置		**技术要求**：当刮水器开关关闭时，刮水器自动停止在其停止位置 **安全警告**：关闭开关时在每个挡位要稍有停顿，禁止快速关闭
步骤十	检查刮水器刮拭状况	①条纹式的刮水痕迹 ②刮水效果不好	**技术要求**： （1）检查刮水器不会产生以下问题 ① 条纹式的刮水痕迹 ② 刮水效果不好 （2）如果刮水器开动时无喷洗液喷出，则刮水器电动机有可能被烧坏 （3）检查完毕应关闭发动机 **安全警告**： （1）刮水器开动时无喷洗液喷出，则电动机有可能被烧坏 （2）检查完毕后，应及时关闭发动机 **易发问题**： （1）刮水器开动时无喷洗液喷出，未立即停止，仍然操作，导致电动机被烧坏 （2）检查完毕未关闭发动机
步骤十一	检查雨刮片是否损坏		**技术要求**：检查雨刮片是否磨损严重、老化、损坏等，如果是，则更换；检查是否黏附砂砾、昆虫等杂物，如果是，应清洁 **安全警告**：如果雨刮片损坏，将导致雨天车辆不能安全行驶，引发事故 **易发问题**： （1）雨刮片检查项目不全 （2）检查不仔细

模块四 风挡玻璃喷洗器及刮水器的检查调整规范

续表

步骤	作业项目	作业图解	技术规范
步骤十二	更换雨刮片		**技术要求：** （1）卸下旧的雨刮片 （2）安装新的雨刮片 （3）安装新雨刮片后要再次检查刮水器的刮拭效果 **安全警告：** （1）在更换雨刮片时，应将雨刮器轻轻放下，以防击坏风挡玻璃 （2）更换新雨刮片后要再次检查刮水器的刮拭效果，确保刮水效果良好 **易发问题：**放下时击坏风挡玻璃
步骤十三	断开点火开关，收起三件套，收起尾气排放装置；分类丢弃废弃物		**技术要求：** （1）断开点火开关，收起三件套，收起尾气排放装置 （2）分类丢弃废弃物 **易发问题：** （1）点火开关未关闭即开始收起三件套，收起尾气排放装置 （2）未收起三件套，或收起尾排装置 （3）废弃物未丢弃，堆放在一起 （4）废弃物未分类丢弃
步骤十四	填写作业工单（"六、作业工单"）		**技术要求：** （1）填写作业工单时，正确的项目打"√"，错误的项目打"×" （2）填写作业工单时，字迹要工整 （2）作业项目填写完整 （3）工单填写完毕一定要复查 **易发问题：** （1）未填写作业工单

续表

步骤	作业项目	作业图解	技术规范
步骤十五	进行设备和场地的5S现场整理工作		（2）作业工单填写混乱 （3）字迹潦草 （4）工单填写项目不完整 （5）工单填写完毕未复查 **技术要求：** （1）整理、整顿、清洁、清扫、素养 （2）车身上凡是作业过程中动过的部位均应用干净抹布清洁 （3）地面必须用拖把清洁 （4）举升机控制柜必须清洁 （5）所有废气物必须分类丢弃 （6）所有物品必须归位 **安全警告：** 不要用潮湿的抹布清洁电器开关、按钮等 **易发问题：** （1）清洁工作马马虎虎，应付差事 （2）废弃物未丢弃或未分类丢弃 （3）清洁不彻底、漏项

六、作业工单

步骤	作业记录	作业内容
1		车辆前期准备和安全检查
2		启动发动机
3		将雨刮组合开关向上方提一次
4		检查风挡玻璃喷洗器喷洒压力是否足够
5		检查刮水器是否协同工作
6		检查洗涤液喷射位置是否正确
7		调节喷射方向
8		检查刮水器各挡位工作情况
9		关闭刮水器开关，检查刮水器自动停止位置
10		检查刮水器刮拭状况
11		检查雨刮片
12		更换雨刮片
13		断开点火开关，拿出三件套，收起尾气排放装置，丢弃废弃物

续表

步骤	作业记录	作业内容
14		填写工单
15		进行设备和场地的5S现场整理工作

七、教学评价

评价内容	配分	序号	具体指标	分值	学生自评	小组评分	教师评分
仪容仪表	15	1	工作服、鞋、帽穿戴整洁	5			
		2	发型、指甲等符合工作要求	5			
		3	不佩戴首饰、钥匙、手表等	5			
工作安全	30	4	发动机室工作油液的检查	5			
		5	接好尾气排放装置	5			
		6	安装车轮挡块或用举升机顶起部分车辆重量	5			
		7	安装三件套	5			
		8	将换挡杆置于P挡,拉起驻车制动器	5			
		9	启动发动机前大声提示	5			
工作过程	30	10	正确启动喷水器开关	5			
		11	喷水器工作情况检查准确	5			
		12	正确调节喷水器喷射位置	5			
		13	正确启动刮水器开关	5			
		14	刮水器工作情况检查准确	5			
		15	正确更换雨刮片	5			
职业素养	25	16	动作规范,安全环保	5			
		17	学员之间的配合默契	5			
		18	在规定时间完成	5			
		19	填写工单	5			
		20	5S工作	5			
			综合得分	100			

模块五

转向盘、驻车制动杆和制动踏板的检查（含喇叭）规范

一、教学模块名称

转向盘、驻车制动杆和制动踏板的检查（含喇叭）规范。

二、教学场景设计

带剪式举升机的作业工位、丰田卡罗拉1.6AT轿车、工作台、车轮挡块、地板垫、座椅套、方向盘套、翼子板布、前格栅布、废气抽排装置、直尺（0~150mm）、多媒体教学设备，教学场景如图5-1和图5-2所示。

图5-1 转向盘、驻车制动杆和制动踏板的检查（含喇叭）教学场景（一）

图5-2 转向盘、驻车制动杆和制动踏板的检查（含喇叭）教学场景（二）

三、工作安全

（1）整个操作过程要严格按照规范进行。
（2）保证教、学人员及设备安全。
（3）启动发动机前要大声提醒周围人员注意。

四、教学目标和工作任务

1. 教学目标

（1）熟悉转向盘、驻车制动杆和制动踏板检查（含喇叭）的内容。
（2）了解转向盘、驻车制动杆和制动踏板检查（含喇叭）的流程。
（3）掌握转向盘、驻车制动杆和制动踏板检查（含喇叭）的方法。

2. 工作任务

（1）认知转向盘、驻车制动杆和制动踏板的位置和功能。
（2）了解汽车转向盘、驻车制动杆和制动踏板的相关知识。
（3）掌握转向盘、驻车制动杆和制动踏板检查（含喇叭）的操作方法。
（4）按照规定流程进行转向盘、驻车制动杆和制动踏板检查（含喇叭）。

五、作业技术规范流程

步骤	作业项目	作业图解	技术规范
步骤一	★喇叭的检查操作	转动方向盘同时按下喇叭按钮	**技术要求：** （1）在方向盘转动一周的同时按喇叭垫，确保其发声来检查喇叭：检查喇叭是否发声，检查音量和音调是否稳定 （2）没有必要检查配备空气囊的车辆的整个方向盘 **安全警告：** （1）在移动车辆时，要注意检查车辆周围是否有障碍物 （2）必须由具有驾驶经验的人员移动车辆，未获得驾驶资格的人员禁止移动车辆 **易发问题：**车辆停放在举升机位置时，车辆偏斜 **知识链接：**举升机的类型和操作方法
步骤二	★方向盘的检查操作	检查方向盘有无松动和摆动	**技术要求：** （1）用两手握住方向盘，轴向地、垂直地或者向两侧移动方向盘，检查有没有松动或者摆动 （2）在配备动力转向系统的车辆上，启动发动机，使车辆笔直向前。轻轻移动方向盘，在车轮就要开始移动时，使用一把直尺测量方向盘的移动量，即测量转向盘自由行程；在一个配备倾斜转向或者伸缩转向系统的车上，在方向盘整个移动范围内检查松动情况

续表

步骤	作业项目	作业图解	技术规范
		 一人观察轮胎转动  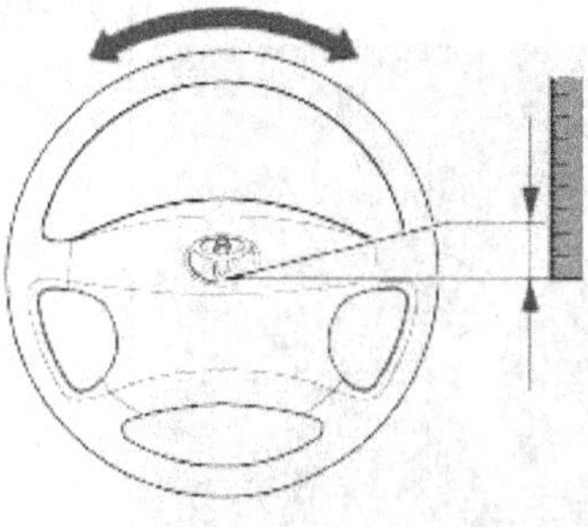 检查方向盘自由行程	
步骤三	★点火开关 ACC 方向盘锁止和解锁功能检查	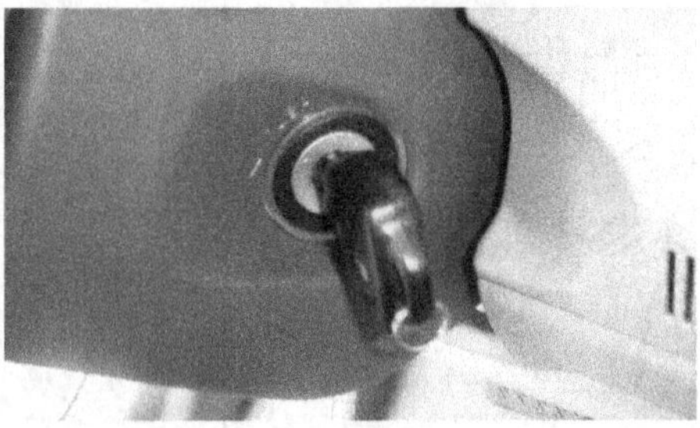 点火开关 ACC	**技术要求**：通过将点火开关转动到 ACC，保持方向盘不锁定和可自由移动

模块五 转向盘、驻车制动杆和制动踏板的检查（含喇叭）规范

步骤	作业项目	作业图解	技术规范
步骤四		转动方向盘	
	★驻车制动杆行程检查	拉起驻车制动杆 检查指示灯工作情况	技术要求： （1）检查并确保驻车制动杆拉动时，驻车制动杆行程在预定的槽数内（拉动时可以听到咔嗒声）。如果不符合标准（6~9格），调整驻车杆的行程 （2）在点火开关位于 ON 时，检查以确保当驻车制动杆操作时，在拉动杆到达第一个槽口前，指示灯就已经发光，放下立即熄灭

续表

步骤	作业项目	作业图解	技术规范
步骤五	★制动踏板状况检查	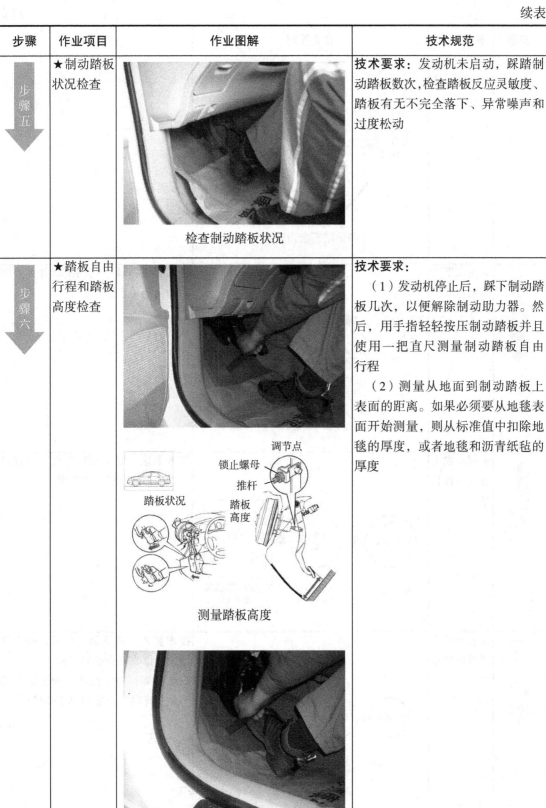 检查制动踏板状况	**技术要求**：发动机未启动，踩踏制动踏板数次，检查踏板反应灵敏度、踏板有无不完全落下、异常噪声和过度松动
步骤六	★踏板自由行程和踏板高度检查	测量踏板高度	**技术要求**： （1）发动机停止后，踩下制动踏板几次，以便解除制动助力器。然后，用手指轻轻按压制动踏板并且使用一把直尺测量制动踏板自由行程 （2）测量从地面到制动踏板上表面的距离。如果必须要从地毯表面开始测量，则从标准值中扣除地毯的厚度，或者地毯和沥青纸毡的厚度

模块五 转向盘、驻车制动杆和制动踏板的检查（含喇叭）规范

续表

步骤	作业项目	作业图解	技术规范
步骤七		测量踏板自由行程	
步骤七	★制动助力器工作状况检查	发动机停机 → 踩压制动踏板数次 → 检查：要求踏板高度没有变化；在装有液压制动助力器的汽车上，应当踩压制动踏板40次以上；检查踏板是否继续下沉；踏板踩下后，启动发动机	**技术要求**：踩下制动踏板并检查制动助力器是否正常工作
步骤八	★制动助力器气密性检查	启动发动机 → 让发动机运转1~2min然后停下 → 检查是否在踏板每次踩压后（踩压数次后），踏板返回距离越来越大	**技术要求**：踩下制动踏板，检查制动助力器气密性是否正常
步骤九	★制动助力器真空性检查	启动发动机 → 制动踏板踩下并保持30s后停止发动机 → 检查：要求踏板高度没有变化	**技术要求**：踩下制动踏板，检查制动助力器真空性是否正常 **安全警告**：对于配备了液压制动助力器的车辆，只检查其工作情况

六、作业工单

LH	RH	喇叭
		检查工作情况
		驻车制动器
		检查驻车制动杆行程
		检查驻车制动器指示灯点亮
		制动踏板
		检查制动器踏板应用状况（响应性）
		检查制动器踏板应用状况（完全踩下）
		检查制动器踏板应用状况（异常噪声）
		检查制动器踏板应用状况（过度松动）
		测量制动踏板高度
		测量制动器踏板自由行程
		测量制动器踏板行程余量
		检查制动助力器工作情况
		检查制动助力器气密性
		检查制动助力器真空功能

七、教学评价

评价内容	配分	序号	具体指标	分值	学生自评	小组评分	教师评分
仪容仪表	15	1	工作服2分、鞋2分、帽穿戴整洁1分	5			
		2	发型正气3分、指甲等符合工作要求2分	5			
		3	不佩戴首饰2分、钥匙2分、手表等1分	5			
工作过程	50	4	检查工作情况	5			
		5	检查驻车制动杆行程	5			
		6	检查驻车制动器指示灯点亮	5			
		7	检查制动器踏板应用状况（响应性）	5			
		8	检查制动器踏板应用状况（完全踩下）	5			
		9	检查制动器踏板应用状况（异常噪声）	5			
		10	检查制动器踏板应用状况（过度松动）	5			
		11	测量制动器踏板高度	5			
		12	测量制动器踏板自由行程	2			
		13	测量制动器踏板行程余量	2			
		14	检查制动助力器工作情况	2			
		15	检查制动助力器气密性	2			
		16	检查制动助力器真空功能	2			
职业素养	35	17	学员之间的配合默契，碰撞5分，大声交流5分	10			
		18	在规定时间完成	10			
		19	填写工单，整洁2分，如实3分	5			
		20	5S工作，及时清洁4分，处理废弃物6分	10			
			综合得分	100			

模块六 轮胎的检查规范

一、教学模块名称

轮胎的检查规范。

二、教学场景设计

教学场景设计如图 6-1 和图 6-2 所示，包含轿车轮胎、轮胎安放架、轮胎气压表、轮胎花纹深度规、肥皂水瓶、毛刷、清洁用抹布、轮胎夹杂物取出工具、多媒体教学设备。

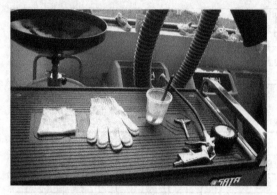

图 6-1　教学场景设计（一）

图 6-2　教学场景设计（二）

三、工作安全

（1）整个操作过程要严格按照规范进行。
（2）保证教、学人员及设备安全。

四、教学目标和工作任务

1. 教学目标

（1）熟悉轮胎检查的内容。
（2）能正确进行轮胎的规范检查。
（3）能正确分析检查结果。

2. 工作任务

（1）检查是否有裂纹和损坏。
（2）检查是否嵌入金属颗粒或其他异物。
（3）测量胎面沟槽深度（测量规）。
（4）检查是否有异常磨损。
（5）检查气压。
（6）检查是否漏气。

（7）检查钢圈是否损坏或腐蚀。

五、知识链接

轮胎检查的流程和内容如图 6-3 所示。

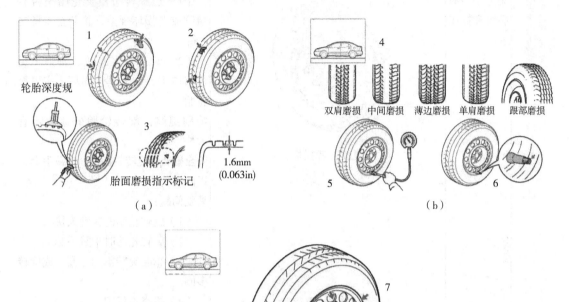

图 6-3 轮胎检查的流程和内容

1—裂纹或者损坏；2—嵌入金属微粒或者其他异物；3—胎面深度；
4—异常磨损；5—气压；6—漏气；7—轮圈和轮盘损坏

六、作业技术规范流程

步骤	作业项目	作业图解	技术规范
步骤一	从车辆上取下待检查的轮胎并安放在轮胎架上		**技术要求：** （1）如果是备胎，应打开后备厢盖，旋下备胎固定架，取出备胎 （2）轮胎应放在专用轮胎架上 **安全警告：**轮胎在搬运过程中应注意安全 **易发问题：**轮胎未放在轮胎架上，而是放在地面或其他地方

续表

步骤	作业项目	作业图解	技术规范
步骤二	目视检查轮胎上是否有裂纹和损坏	裂纹或者损坏	**技术要求：** （1）边旋转边检查轮胎是否有裂纹或者损坏现象，轮胎至少旋转1圈 （2）如有较大裂纹、割痕（见帘布层），或者其他损坏，应更换轮胎 **特别提醒：** 旋转轮胎的速度不宜太快 **安全警告：** 旋转轮胎时，应戴手套，以防划伤手 **易发问题：** （1）旋转轮胎的速度太快 （2）旋转轮胎时未戴手套 （3）轮胎旋转不到1圈，或旋转多圈 （4）检查不仔细
步骤三	目视检查是否嵌入金属颗粒或其他异物	嵌入金属微粒或者其他异物	**技术要求：** （1）边旋转边检查轮胎是否有任何金属微粒或其他异物，轮胎至少旋转1圈 （2）如嵌入任何金属微粒、石子或者其他异物，应将异物取出并视情节维修 **特别提醒：** 旋转轮胎的速度不宜太快 **安全警告：** 旋转轮胎时，应戴手套，以防划伤手 **易发问题：** （1）旋转轮胎的速度太快 （2）旋转轮胎时未戴手套 （3）轮胎旋转不到1圈，或旋转多圈 （4）检查不仔细

续表

步骤	作业项目	作业图解	技术规范
步骤四	测量胎面沟槽深度（测量规）	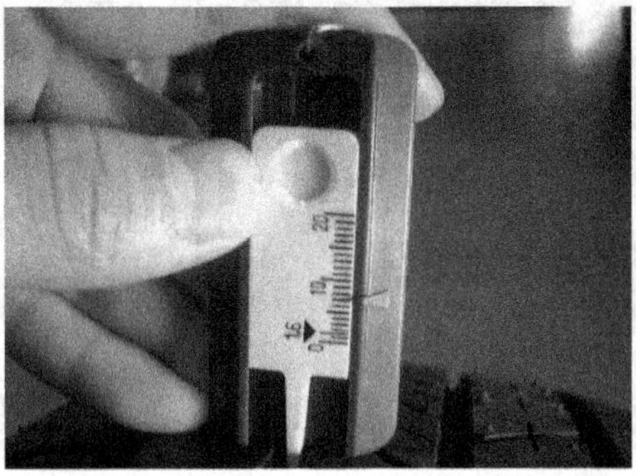	**技术要求**： （1）用干净的布清洁测量规 （2）对测量规进行校零 （3）沿轮胎圆周方向每120°测量1次胎面沟槽深度。每次测量前均需要用干净的布清洁测量规 （4）轮胎沟槽极限深度为1.6mm，对于高速行驶车辆的轮胎要求为4mm。低于极限深度必须建议客户更换 **注意事项**：测量轮胎沟槽深度时，测量规应垂直于胎面 **易发问题**： （1）测量规校零和测量作业前未用干净的布清洁测量规 （2）未对测量规进行校零 （3）轮胎沟槽深度测量圆周方向点数不够 （4）测量时测量规与胎面不垂直 （5）测量参数不准
步骤五	观察位于轮胎侧面的轮胎三角形（▲）磨损标记	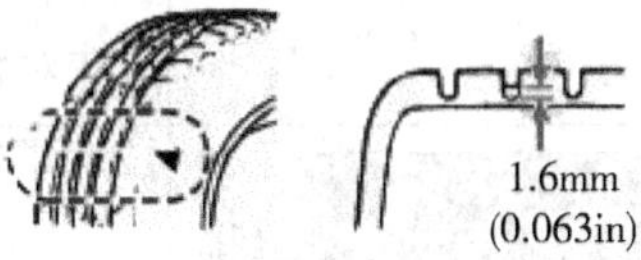 1.6mm (0.063in)	**技术要求**：观察位于轮胎侧面的轮胎三角形（▲）磨损标记，如果轮胎磨损达到磨损标志，必须更换轮胎
步骤六	检查是否有异常磨损	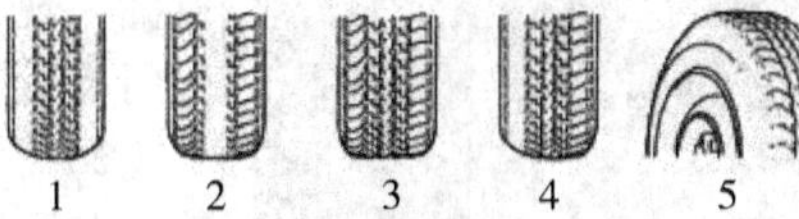 1 2 3 4 5 异常磨损 1—双肩磨损；2—中间磨损；3—薄边磨损； 4—单肩磨损；5—跟部磨损	**技术要求**：轮胎不存在图示的异常磨损情况，若轮胎存在，要更换轮胎 **特别提醒**： （1）如果轮胎存在图示异常磨损，一定要建议车主对车辆进行车轮定位检查，并根据车轮定位检查结果调整相关车轮定位参数 （2）提醒车主今后注意轮胎换位工作 **安全警告**：如果不对车辆进行异常磨损检查，可能会影响行车安全

步骤	作业项目	作业图解	技术规范
步骤七	用轮胎气压表检查气压	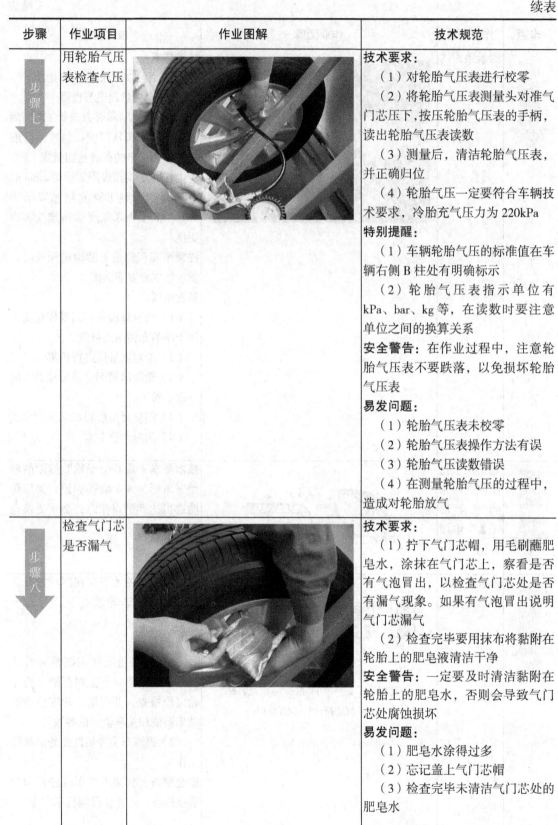	**技术要求：** （1）对轮胎气压表进行校零 （2）将轮胎气压表测量头对准气门芯压下，按压轮胎气压表的手柄，读出轮胎气压表读数 （3）测量后，清洁轮胎气压表，并正确归位 （4）轮胎气压一定要符合车辆技术要求，冷胎充气压力为220kPa **特别提醒：** （1）车辆轮胎气压的标准值在车辆右侧B柱处有明确标示 （2）轮胎气压表指示单位有kPa、bar、kg等，在读数时要注意单位之间的换算关系 **安全警告：**在作业过程中，注意轮胎气压表不要跌落，以免损坏轮胎气压表 **易发问题：** （1）轮胎气压表未校零 （2）轮胎气压表操作方法有误 （3）轮胎气压读数错误 （4）在测量轮胎气压的过程中，造成对轮胎放气
步骤八	检查气门芯是否漏气		**技术要求：** （1）拧下气门芯帽，用毛刷蘸肥皂水，涂抹在气门芯上，察看是否有气泡冒出，以检查气门芯处是否有漏气现象。如果有气泡冒出说明气门芯漏气 （2）检查完毕要用抹布将黏附在轮胎上的肥皂液清洁干净 **安全警告：**一定要及时清洁黏附在轮胎上的肥皂水，否则会导致气门芯处腐蚀损坏 **易发问题：** （1）肥皂水涂得过多 （2）忘记盖上气门芯帽 （3）检查完毕未清洁气门芯处的肥皂水

续表

步骤	作业项目	作业图解	技术规范
步骤九	检查车轮钢圈是否损坏或腐蚀		**技术要求**：戴手套，用手摸、目视的方式，检查钢圈和轮盘是否损坏、腐蚀、变形和跳动 **安全警告**：要戴手套检查，谨防划伤手指 **易发问题**：未戴手套检查，划伤手
步骤十	填写作业工单（七、作业工单）		**技术要求**： （1）填写作业工单时，正确的项目打"√"，错误的项目打"×" （2）填写作业工单时，字迹要工整 （2）作业项目填写完整 （3）工单填写完毕一定要复查 **易发问题**： （1）未填写作业工单 （2）作业工单填写混乱 （3）字迹潦草 （4）工单填写项目不完整 （5）工单填写完毕未复查
步骤十一	进行设备和场地的5S现场整理工作		**技术要求**： （1）整理、整顿、清洁、清扫、素养 （2）车身上凡是作业过程中动过的部位均应用干净抹布清洁 （3）地面必须用拖把清洁 （4）举升机控制柜必须清洁 （5）所有废弃物必须分类丢弃 （6）所有物品必须归位 **安全警告**：不要用潮湿的抹布清洁电器开关、按钮等 **易发问题**： （1）清洁工作马马虎虎，应付差事 （2）废弃物未丢弃或未分类丢弃 （3）清洁不彻底、漏项

七、作业工单

步骤	作业记录	作业内容
1		从车辆上取下待检查的轮胎并安放在轮胎架上
2		目视检查轮胎上是否有裂纹和损坏
3		目视检查是否嵌入金属颗粒或其他异物
4		测量胎面沟槽深度（测量规）
5		观察位于轮胎侧面的轮胎三角形（▲）磨损标记
6		检查是否有异常磨损
7		用轮胎气压表检查气压
8		检查是否漏气
9		检查钢圈是否损坏或腐蚀
10		填写工单
11		进行设备和场地的5S现场整理工作

八、教学评价

评价内容	配分	序号	评价指标	分值	学生自评	小组评分	教师评分
仪容仪表	15	1	工作服、鞋、帽穿戴整洁	5			
		2	发型、指甲等符合工作要求	5			
		3	不佩戴首饰、钥匙、手表等	5			
工作安全	25	4	搬运轮胎时方法正确	5			
		5	将轮胎放到轮胎架上检查	5			
		6	搬运轮胎时无人员受伤现象	5			
		7	搬运轮胎时无磕碰车辆现象	5			
		8	轮胎补充充气时不要超过范围	5			
工作过程	35	9	正确检查是否有裂纹和损坏	5			
		10	正确检查是否嵌入异物	5			
		11	正确测量胎面沟槽深度	5			
		12	正确检查是否有异常磨损	5			
		13	正确检查气压	5			
		14	正确检查是否漏气	5			
		15	检查钢圈是否损坏或腐蚀	5			
职业素养	25	16	动作规范，安全环保	5			
		17	学员之间的配合默契	5			
		18	在规定时间完成	5			
		19	填写工单	5			
		20	5S工作	5			
			综合得分	100			

模块七

盘式制动器的检查规范

一、教学模块名称

盘式制动器的检查规范。

二、教学场景设计

带剪式举升机的作业工位、丰田卡罗拉1.6AT轿车、工作台、车轮挡块、地板垫、座椅套、方向盘套、翼子板布、前格栅布、废气抽排装置、常用工具和量具、S型挂钩两个、(5~25 N·m、10~100N·m、40~340N·m)预制式扭力扳手各一把、0~25mm外径千分尺一把和多媒体教学设备,教学场景如图7-1和图7-2所示。

图7-1 盘式制动器的检查规范教学场景（一）

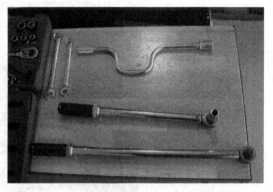

图7-2 盘式制动器的检查规范教学场景（二）

三、工作安全

（1）整个操作过程要严格按照规范进行。
（2）保证教、学人员及设备安全。
（3）举升机操作过程中要大声提醒周围人员注意。

四、教学目标和工作任务

1. 教学目标
（1）熟悉盘式制动器检查的内容。
（2）了解盘式制动器检查的流程。
（3）掌握盘式制动器检查的方法。

2. 工作任务
（1）认知盘式制动器的结构和功能。
（2）了解汽车制动器的分类和功能。

汽车定期维护 实训指导书

（3）掌握盘式制动器检查的操作方法。
（4）按照规定流程进行盘式制动器检查。

五、作业技术规范流程

步骤	作业项目	作业图解	技术规范
步骤一	★把车辆举升到合适的高度	举升车辆至合适高度（与操作者心脏平）	**技术要求**：一定要进行保险操作，不同的举升设备，保险锁止方式有所不同 **安全警告**：垫块安装位置必须正确，车辆不得晃动 **易发问题**：车辆停放在举升机位置时，车辆偏斜 **知识链接**：参见模块一 举升机的操作规范
步骤二	★车轮轴承的检查	检查车轮轴承和转动状况（摆动；转动状况和噪声）	**技术要求**：先检查轴承的松动和摆动，然后转动轮胎，检查轴承运转有无噪声 **安全警告**：要戴手套，并且转动轮胎胎面，不能转动轮毂，以免轮毂对手造成损伤 **易发问题**：左前轮挡泥板划伤手

步骤	作业项目	作业图解	技术规范
步骤三	★拆卸车轮	检查风动扳手旋向  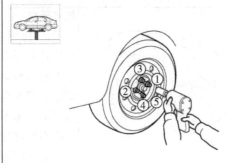拆卸轮胎	**技术要求**：先检查风动扳手的管路和套筒的连接状况，然后检查旋向和扭矩。按照交叉顺序拆卸五个车轮螺母。最后，拆卸车轮 **安全警告**：禁止戴手套作业 **易发问题**：带套筒检查风动扳手旋转方向
步骤四	★轮胎的检查操作	检查轮胎	**友情提醒**： 参见模块六 轮胎的检查规范

续表

步骤	作业项目	作业图解	技术规范
步骤五	★制动分泵与卡钳螺栓拆卸操作	拆卸分泵螺栓	**技术要求**：使用一把14-17的开口扳手和一把14-17的梅花扳手，按照左手拉右手固定的动作拆卸 **易发问题**：右手受到伤害
步骤六	★盘式制动器摩擦片厚度检查	测量摩擦片厚度	**技术要求**： （1）使用一把直尺测量外制动器摩擦片的厚度，通过制动卡钳内的检查孔目测检查内制动器摩擦片的厚度，确保其与外制动器摩擦片没有明显的偏差，确保制动器摩擦片没有不均匀磨损 （2）也可拆下制动摩擦片使用直尺测量 **易发问题**： （1）方向盘套未将方向盘完全罩住 （2）在安装的过程中撕裂方向盘套

步骤	作业项目	作业图解	技术规范
步骤七	★制动液渗漏检查	检查制动液从分泵处渗漏	**知识链接**：检查制动卡钳中是否有液体渗漏，因为皮碗会老化 **技术要求**：要戴手套，如果制动液溅出或者洒在油漆上，立即用水漂洗。否则，将损坏油漆表面
步骤八	★盘式转子盘厚度和损坏检查	千分尺校准	**知识链接**： 先检查制动盘上是否有刻痕、不均匀或者异常磨损以及裂纹和其他损坏。然后用外径千分尺测量转子盘厚度。必须在离制动盘10cm处测量，最少均匀测3个点，取最小值 **技术要求**：使用千分尺必须清洁—校零—测量—再清洁 **易发问题**：未清洁盘式转子盘直接测量

模块七 盘式制动器的检查规范

续表

步骤	作业项目	作业图解	技术规范
		盘式转子盘厚度测量 盘式转子盘损坏 测量盘式转子盘厚度	
步骤九	填写作业工单（六、作业工单）		**技术要求：** （1）填写作业工单时，正确的项目打"√"，错误的项目打"×" （2）字迹要工整 （3）作业项目填写完整 （4）工单填写完毕一定要复查 **易发问题：** （1）未填写作业工单 （2）作业工单填写混乱 （3）字迹潦草 （4）工单填写项目不完整 （5）工单填写完毕未复查
步骤十	进行设备和场地的5S现场整理工作		**技术要求：** （1）整理、整顿、清洁、清扫、素养 （2）车身上凡是作业过程中动过的部位均应用干净抹布清洁 （3）地面必须用拖把清洁 （4）举升机控制柜必须清洁 （5）所有废弃物必须分类丢弃 （6）所有物品必须归位 **安全警告：** 不要用潮湿的抹布清洁电器开关、按钮等 **易发问题：** （1）清洁工作马马虎虎，应付差事 （2）废弃物未丢弃或未分类丢弃 （3）清洁不彻底、漏项

六、作业工单

LH		RH		
Fr	Rr	Fr	Rr	**车轮轴承**
				检查有无摆动
				检查转动状况和噪声
				拆卸车轮
				盘式制动器
				测量制动器摩擦片厚度(外侧)
				目视检查制动器摩擦片厚度(内侧)
				检查制动器摩擦片的不均匀磨损
				检查盘式转子盘磨损和损坏
				检查从制动卡钳的制动液泄漏
				测量盘式转子盘厚度

七、教学评价

评价内容	配分	序号	具体指标	分值	学生自评	小组评分	教师评分
仪容仪表	15	1	工作服2分、鞋2分、帽穿戴整洁1分	5			
		2	发型正气3分、指甲等符合工作要求2分	5			
		3	不佩戴首饰2分、钥匙2分、手表等1分	5			
工作过程	55	4	检查有无摆动	10			
		5	检查转动状况和噪声	5			
		6	拆卸车轮	5			
		7	测量制动器摩擦片厚度(外侧)	5			
		8	目视检查制动器摩擦片厚度(内侧)	5			
		9	检查制动器摩擦片的不均匀磨损	5			
		10	检查盘式转子盘磨损和损坏	5			
		11	检查从制动卡钳的制动液泄漏	5			
		12	测量盘式转子盘厚度	10			
职业素养	30	13	工具正确使用2分,量具正确使用3分	5			
		14	在规定时间完成	5			
		15	填写工单,整洁2分,如实3分	5			
		16	5S工作,及时清洁2分,处理废弃物3分	5			
		17	测量位置正确3分,读数正确2分	5			
		18	风动扳手规范使用(不能戴手套)	5			
			综合得分	100			

模块八
底盘螺栓松动和底盘部件密封状况检查规范

一、教学模块名称

底盘螺栓松动和底盘部件密封状况检查规范。

二、教学场景设计

带剪式举升机的作业工位、丰田卡罗拉1.6AT轿车、工作台、车轮挡块、地板垫、座椅套、方向盘套、翼子板布、前格栅布、废气抽排装置、常用工具和量具、S型挂钩两个、(5～25 N·m、10～100 N·m、40～340 N·m)预制式扭力扳手各一把和多媒体教学设备，教学场景如图8-1和图8-2所示。

图8-1 底盘螺栓松动和底盘部件密封状况检查规范教学场景（一）

(a)　　　　　　　　　　(b)

(c)　　　　　　　　　　(d)

图8-2 底盘螺栓松动和底盘部件密封状况检查规范教学场景（二）

三、工作安全

（1）整个操作过程要严格按照规范进行。
（2）保证教、学人员及设备安全。
（3）举升机操作过程中要大声提醒周围人员注意。

四、教学目标和工作任务

1. 教学目标
（1）熟悉底盘螺栓松动和底盘部件密封状况检查的内容。
（2）了解底盘螺栓松动和底盘部件密封状况检查的流程。
（3）掌握底盘螺栓松动和底盘部件密封状况检查的方法。

2. 工作任务
（1）认知底盘螺栓和底盘部件的位置和功能。
（2）了解汽车底盘螺栓和底盘部件功能和安装位置。
（3）掌握底盘螺栓松动和底盘部件密封状况检查的操作方法。
（4）按照规定流程进行底盘螺栓松动和底盘部件密封状况检查。

五、内容模块及教学过程

步骤	作业项目	作业图解	技术规范
步骤一	★把车辆举升至合适高度——与操作者同样高度	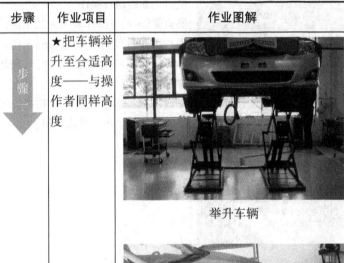 举升车辆 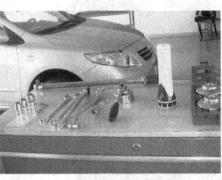 准备工具	**技术要求：** （1）将车辆驶上举升机位，车辆应位于举升机位的正常举升位置 （2）车辆中心轴线应和举升机对称面在同一平面内，车辆不允许偏向任一侧或一端 **安全警告：** （1）一定要进行保险操作，不同的举升设备，保险锁止方式有不同 （2）在移动车辆时，要注意检查车辆周围是否有障碍物 **易发问题：** 车辆停放在举升机位置时，车辆偏斜 **知识链接：** 参见模块一 举升机的操作规范

模块八 底盘螺栓松动和底盘部件密封状况检查规范

续表

步骤	作业项目	作业图解	技术规范
步骤二 ↓	★调整扭力扳手扭矩到规定值	调整扭矩	**技术要求：** （1）必须先清洁扭力扳手 （2）检查扭力扳手的最大和最小扭矩 **安全警告：** 操作时动作必须柔和，不得出现冲击动作
步骤三 ↓	★按照规定扭矩和合理顺序进行底盘螺栓紧固操作	部分螺栓位置	**技术要求：** （1）工具选择时必须遵循套筒—梅花扳手—开口扳手进行作业 （2）扭力扳手操作时，先调到规定扭矩（参照修理手册），然后锁止，最后上套筒进行操作 **安全警告：** 注意操作发力时的站位，小心操作排气管螺栓时伤到自己，小心操作后制动分泵与背板时刮坏减振器 **知识链接：** 详细扭矩规格和螺栓位置请参照工单和《维修手册》

续表

步骤	作业项目	作业图解	技术规范
		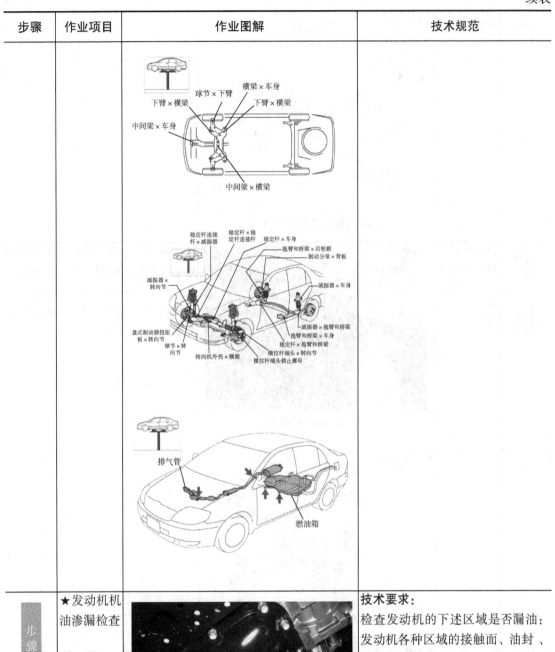	
步骤四	★发动机机油渗漏检查		**技术要求：** 检查发动机的下述区域是否漏油： 发动机各种区域的接触面、油封、排放塞处 **友情提醒：**在排放发动机机油前一定要先检查排放塞的渗漏

模块八 底盘螺栓松动和底盘部件密封状况检查规范

续表

步骤	作业项目	作业图解	技术规范
步骤五	自动传动桥液渗漏和冷却油管损坏检查	用灯照和戴手套进行作业 自动传动桥的检查 自动传动桥液渗漏和冷却油管损坏检查 1—液体渗漏；2—油冷却软管损坏	**技术要求**：检查有没有液体从传动桥的任何部分渗漏，如壳接触面、轴和拉索伸出的区域、油封处、排放塞和加注塞处、管道和软管接头处
步骤六	动力转向液（齿条和小齿轮类型）渗漏检查		**技术要求**：检查动力转向液是否从齿轮箱和连接点处渗漏

续表

步骤	作业项目	作业图解	技术规范
		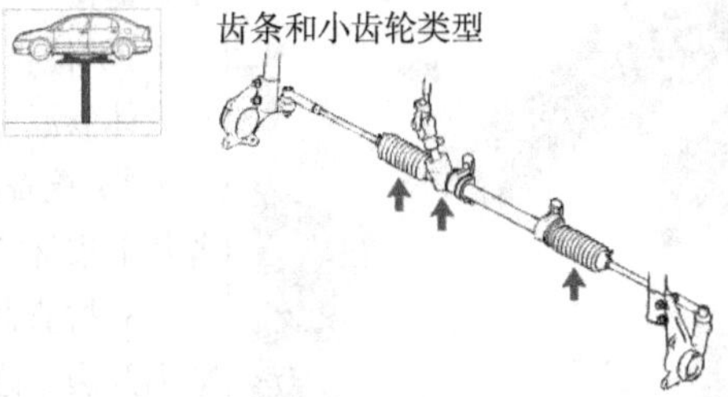 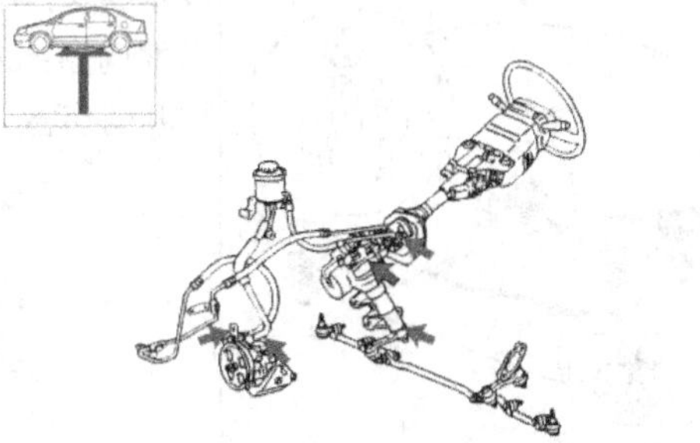 齿条和小齿轮类型 检查（EPS）转向齿轮箱	
步骤七	转向机构的裂纹和其他损坏检查	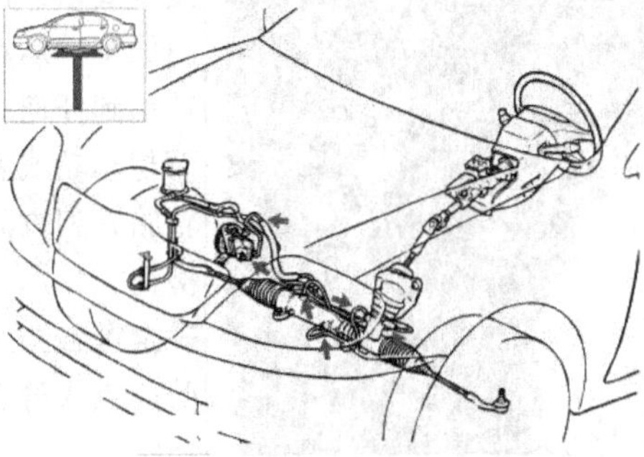 转向机构的裂纹 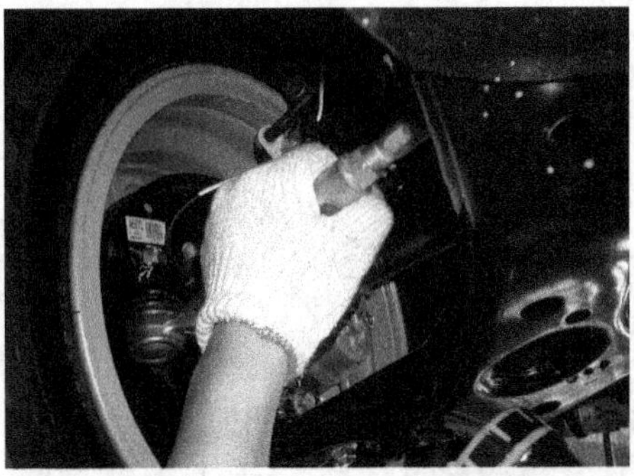 检查转向横拉杆松动和扭曲变形	**知识链接**：检查转向横拉杆机构是否有润滑脂渗漏和护套是否有裂纹及其他损坏 **技术要求**：用手摸到和看到 **易发问题**：只看不摸

模块八　底盘螺栓松动和底盘部件密封状况检查规范

续表

步骤	作业项目	作业图解	技术规范
步骤八	制动管路渗漏检查	检查制动管路	知识链接： （1）检查制动管路连接部分是否有液体渗漏 （2）检查制动管路是否有凹痕或者其他损坏 （3）检查制动管路软管是否扭曲、磨损开裂、隆起等 （4）如果保护盖上有飞石的痕迹，制动管路可能有相同的损坏 **技术要求：**用手摸到和看到 **易发问题：**未戴手套作业，造成对皮肤的伤害
步骤九	制动软管安装状况检查操作	安装状况 前轮转到一边时检查制动软管的安装情况	**技术要求：**检查制动管道和软管，确保车辆运动时，或者方向盘完全转动到任何一侧时，不会因为振动而与车轮或者车身接触。手动转动轮胎直到方向盘被完全转向一侧时检查 **安全警告：**一定要戴手套，旋转轮胎前点火开关在 ACC 挡位或者 ON 挡位

续表

步骤	作业项目	作业图解	技术规范
步骤十	燃油管路渗漏和损坏的检查	 检查燃油管路	**知识链接**：检查软管是否有燃油渗漏和裂纹及其他损坏。如果保护盖上有飞石的痕迹，燃油管路可能有持久的损坏
步骤十一	排气管道渗漏、损坏及安装件状况检查	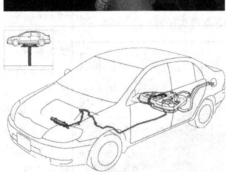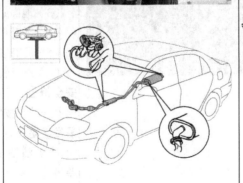 检查排气管和消声器	**知识链接**：汽车排气抽气管用来将发动机工作时排出的尾气抽排到车间外面，以免尾气污染车间，对作业人员造成人身伤害 **技术要求**：检查接头处密封垫片、O形圈、排气管和消声器是否出现排气渗漏和裂纹及其他损坏 **安全警告**：必须戴手套，防止烫伤自己 **易发问题**：未戴手套作业

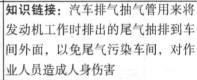

模块八 底盘螺栓松动和底盘部件密封状况检查规范

续表

步骤	作业项目	作业图解	技术规范
		检查排气吊挂	
步骤十二	填写作业工单（六、作业工单）		**技术要求：** （1）填写作业工单时，正确的项目打"√"，错误的项目打"×" （2）字迹要工整 （3）作业项目填写完整 （4）工单填写完毕一定要复查 **易发问题：** （1）未填写作业工单 （2）作业工单填写混乱 （3）字迹潦草 （4）工单填写项目不完整 （5）工单填写完毕未复查
步骤十三	进行设备和场地的5S现场整理工作		**技术要求：** （1）整理、整顿、清洁、清扫、素养 （2）车身上凡是作业过程中动过的部位均应用干净抹布清洁 （3）地面必须用拖把清洁 （4）举升机控制柜必须清洁 （5）所有废弃物必须分类丢弃 （6）所有物品必须归位 **安全警告：**不要用潮湿的抹布清洁电器开关、按钮等 **易发问题：** （1）清洁工作马马虎虎，应付差事 （2）废弃物未丢弃或未分类丢弃 （3）清洁不彻底、漏项

六、作业工单

底盘		作业内容
		发动机机油
		检查是否漏油（发动机各部位的配合表面）
		检查是否漏油（油封）
		检查是否漏油（排放塞）
		自动传动桥液
		检查是否漏油（壳配合面）
		检查是否漏油（轴和拉索伸出的区域）
		检查是否漏油（油封）
		检查是否漏油（排放塞和加注口塞）
		检查是否漏油（管件和软管连接）
		检查机油冷却器软管是否损坏
LH	RH	**驱动轴护套**
		检查是否有裂纹和其他损坏（外侧）
		检查是否有裂纹和其他损坏（内侧）
		检查润滑脂是否渗漏（外侧）
		检查润滑脂是否渗漏（内侧）
LH	RH	**转向连接机构**
		检查是否松动和摇摆
		检查有无弯曲和损坏
		检查防尘套是否开裂和撕破
		动力转向液（齿条和小齿轮型）
		检查是否泄漏（齿轮箱）
		检查是否泄漏（PS 叶轮泵）
		检查是否泄漏（液体管路和接头处）
		检查动力转向软管的裂纹或其他损坏
		制动管路
		检查是否泄漏
		检查制动管路上的压痕或其他损坏
		检查制动管路和软管的扭曲、裂纹和凸起
		检查制动管路和软管的安装状况
		燃油管路
		检查燃油泄漏

模块八 底盘螺栓松动和底盘部件密封状况检查规范

续表

底盘		作业内容
		检查燃油管路损坏
		排气管和安装件
		检查排气管损坏
		检查消声器损坏
		检查排气安装件的O形圈是否损坏或脱落
		检查密封垫片损坏
		检查排气泄漏
		螺母和螺栓（车辆底部）
	1	中间梁 × 车身
	2	下臂 × 横梁
	3	球节 × 下臂
	4	横梁 × 车身
	5	下臂 × 横梁
	6	中间梁 × 横梁
	7	盘式制动器扭矩板 × 转向节
	8	球节 × 转向节
	9	减振器 × 转向节
	10	稳定杆连接杆 × 减振器
	11	稳定杆 × 稳定杆连接杆
	12	转向机壳 × 横梁
	13	稳定杆 × 车身
	14	横拉杆端头锁止螺母
	15	横拉杆端头 × 转向节
	16	拖臂和桥梁 × 车身
	17	拖臂和桥梁 × 后桥轮毂
	18	制动分泵 × 背板
	19	稳定杆 × 拖臂和桥梁
	20	减振器 × 拖臂和桥梁
	21	减振器 × 车身
	22	排气管
	23	燃油箱

七、教学评价

评价内容	配分	序号	具体指标	分值	学生自评	小组评分	教师评分
仪容仪表	15	1	工作服2分、鞋2分、帽穿戴整洁1分	5			
		2	发型正气3分、指甲等符合工作要求2分	5			
		3	不佩戴首饰2分、钥匙2分、手表等1分	5			
工作过程	55	4	检查是否漏油(发动机各部位的配合表面)	2			
		5	检查是否漏油（油封）	1			
		6	检查是否漏油（排放塞）	1			
		7	检查是否漏油（壳配合面）	1			
		8	检查是否漏油(轴和拉索伸出的区域)	1			
		9	检查是否漏油（油封）	1			
		10	检查是否漏油（排放塞和加注口塞）	1			
		11	检查是否漏油（管件和软管连接）	1			
		12	检查机油冷却器软管是否损坏	1			
		13	检查是否有裂纹和其他损坏（外侧）	1			
		14	检查是否有裂纹和其他损坏（内侧）	1			
		15	检查润滑脂是否渗漏（外侧）	1			
		16	检查润滑脂是否渗漏（内侧）	1			
		17	检查是否松动和摇摆	1			
		18	检查有无弯曲和损坏	1			
		19	检查防尘套是否开裂和撕破	1			
		20	检查是否泄漏（齿轮箱）	1			
		21	检查是否泄漏（PS叶轮泵）	1			
		22	检查是否泄漏（液体管路和接头处）	1			
		23	检查动力转向软管的裂纹或其他损坏	1			
		24	检查是否泄漏	1			
		25	检查制动管路上的压痕或其他损坏	1			
		26	检查制动管路和软管的扭曲、裂纹和凸起	1			
		27	检查制动管路和软管的安装状况	1			
		28	检查燃油泄漏	1			
		29	检查燃油管路损坏	1			
		30	检查排气管损坏	1			
		31	检查消声器损坏	1			

模块八 底盘螺栓松动和底盘部件密封状况检查规范

续表

评价内容	配分	序号	具体指标	分值	学生自评	小组评分	教师评分
		32	检查排气安装件的 O 形圈是否损坏或脱落	1			
		33	检查密封垫片损坏	1			
		34	检查排气泄漏	1			
		35	中间梁 × 车身	1			
		36	下臂 × 横梁	1			
		37	球节 × 下臂	1			
		38	横梁 × 车身	1			
		39	下臂 × 横梁	1			
		40	中间梁 × 横梁	1			
		41	盘式制动器扭矩板 × 转向节	1			
		42	球节 × 转向节	1			
		43	减振器 × 转向节	1			
		44	稳定杆连接杆 × 减振器	1			
		45	稳定杆 × 稳定杆连接杆	1			
		46	转向机壳 × 横梁	1			
		47	稳定杆 × 车身	1			
		48	横拉杆端头锁止螺母	1			
		49	横拉杆端头 × 转向节	1			
		50	拖臂和桥梁 × 车身	1			
		51	拖臂和桥梁 × 后桥轮毂	1			
		52	制动分泵 × 背板	1			
		53	稳定杆 × 拖臂和桥梁	1			
		54	减振器 × 拖臂和桥梁	1			
		55	减振器 × 车身	1			
		56	排气管	1			
		57	燃油箱	1			
职业素养	30	58	工具正确使用 5 分,量具正确使用 5 分	10			
		59	在规定时间完成	5			
		60	填写工单,整洁 2 分,如实 3 分	5			
		61	5S 工作,及时清洁 2 分,处理废弃物 3 分	5			
		62	测量位置正确 3 分,读数正确 2 分	5			
			综合得分	100			

模块九
机油、机油滤清器的更换操作规范

一、教学模块名称

机油、机油滤清器的更换操作规范。

二、教学场景设计

剪式举升机、丰田卡罗拉 1.6AT 轿车、机油收集装置、机油滤清器更换专用工具、机油滤清器、专用机油、清洁用抹布、手电筒或工作灯、翼子板布、前格栅布、地板垫、座椅套、方向盘套、机油排放塞拆装工具、多媒体教学设备。教学场景布置如图 9-1～图 9-3 所示。

图 9-1 教学场景布置（一）

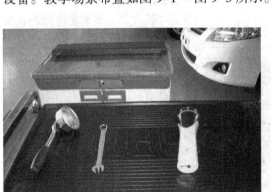

图 9-2 教学场景布置（二）

图 9-3 教学场景布置（三）

三、工作安全

（1）整个操作过程要严格按照规范进行。
（2）保证教、学人员及设备安全。

四、教学目标和工作任务

1. 教学目标

（1）掌握机油的更换作业流程和方法。
（2）掌握机油滤清器的更换作业流程和方法。

2. 工作任务

（1）机油的排放。
（2）机油滤清器的拆卸。
（3）机油滤清器的安装。
（4）机油加注。

五、作业技术规范流程

步骤	作业项目	作业图解	技术规范
步骤一	车辆前期准备和安全检查		**技术要求**：参见模块二 车辆前期准备和安全检查规范 （1）放置车轮挡块，或用举升机顶起部分车辆重量 （2）放置驾驶室三件套（脚垫、座椅套和方向盘套） （3）放置翼子板布和前格栅布 （4）检查发动机室各工作液（机油、冷却液、制动液、洗涤液） （5）确认换挡杆置于P挡，拉起驻车制动器 （6）接好尾气排放装置 **安全警告和易发问题**： 参见"模块二 车辆前期准备和安全检查规范"相关内容
步骤二	旋松机油加注口盖		**技术要求**：逆时针方向旋松机油加注口盖，不要取下，旋松即可 **注意事项**： （1）机油加注口盖不取下，旋松即可，防止异物掉入机油加注口 （2）如果取下机油加注口盖，则必须用不掉屑的干净布盖住机油加注口盖，防止异物掉入机油加注口
步骤三	将车辆举升至最高位置		**技术要求**： 举升机的操作参见模块一 **安全警告**：一定要按照举升机的操作规范操作举升机，确保举升安全 **特别提醒**：车辆举升高度可根据操作人员身高做适当调整

续表

步骤	作业项目	作业图解	技术规范
步骤四	准备机油收集装置、机油排放塞及机油滤清器专用拆卸工具		**特别提醒**：机油排放塞及机油滤清器专用拆卸工具必须与该车型匹配
步骤五	检查发动机各区域的接触面、油封、机油排放塞是否漏油		**技术要求**： 检查时要借助手电筒或操作工具等 **安全警告**：注意保护头部、手和眼睛 **易发问题**：碰伤头部、手等
步骤六	拆卸机油排放塞		**技术要求**：先用 14 # 梅花扳手逆时针旋松，然后用手旋，机油排放塞放到工作台上 **安全警告**：严禁戴手套；防止机油溅到身体各部位 **易发问题**：机油排放塞方向旋错
步骤七	排放发动机机油		**技术要求**：用手旋出机油排放塞时要小心机油的喷溅 **安全警告**： （1）严禁戴手套进行机油排放塞的拆装作业 （2）如果手上沾上机油应及时清洗 （3）机油收集装置一定要调整到适当的高度

模块九 机油、机油滤清器的更换操作规范

续表

步骤	作业项目	作业图解	技术规范
步骤八	拆卸旧的机油滤清器		**技术要求**：先用机油滤清器专用扳手逆时针旋转，使之松动，然后用手旋下 **安全提醒**：一定要使用专用工具拆卸机油滤清器；防止烫伤 **易发问题**：机油滤清器方向旋错
步骤九	在新的机油滤清器垫片上涂清洁的发动机机油		**技术要求**：机油涂抹均匀，及时清洁手指 **安全警告**：不涂油有泄漏危险 **易发问题**：忘记涂油和清洁
步骤十	安装新的机油滤清器（用手）		**技术要求**：用手安装，使密封垫圈接触底座即可 **安全警告**：螺口一定要带正 **易发问题**：用手旋得过松或过紧
步骤十一	安装新的机油滤清器（用专用工具）		**技术要求**：使用专用维修工具再次上紧3/4圈；清洁机油滤清器壳体 **易发问题**：旋得过松或过紧

续表

步骤	作业项目	作业图解	技术规范
步骤十二	更换机油排放塞垫片		**技术要求**：更换新的机油排放塞 **安全警告**：不更换易发生泄漏 **易发问题**：忘记更换
步骤十三	安装机油排放塞		**技术要求**：先用手将排放塞旋上，直到垫片贴到排放塞孔，然后用扭力扳手将机油排放塞旋紧到规定扭矩 37 N·m **安全警告**： （1）机油排放塞旋紧扭矩应符合规定 （2）作业过程中要注意头部安全
步骤十四	用抹布清洁机油滤清器及机油排放塞处		**技术要求**：将机油滤清器表面及排放塞周围机油清洁干净，防止机油滴落 **易发问题**：机油擦不净，当复检时弄不清是否为渗漏
步骤十五	解除举升机的锁止，操纵举升机，降下车辆		**技术要求**：举升机的操作参见模块一 **特别提醒**：在操作举升机降下车辆时，一定注意检查车辆周围是否有不安全因素存在，并要大声明示下降车辆

模块九 机油、机油滤清器的更换操作规范

续表

步骤	作业项目	作业图解	技术规范
步骤十六	取下机油加注口上的遮挡物，放置漏斗，向发动机内加注新机油		**技术要求**：要根据维修手册添加规定容量。一汽丰田卡罗拉 1.6AT 轿车 1ZR 发动机的机油加注量为 4.2L **特别提醒**：加注量不能超过标准容量
步骤十七	检查机油液位		**技术要求**：静置一段时间后检查机油液位是否符合技术要求；调整机油液位至规定高度 **特别提醒**：在抽出位检查
步骤十八	发动机暖机		**技术要求**：运转发动机，使润滑系统正常工作 **特别提醒**：启动发动机时确认在驻车挡（或空挡）并大声提醒
步骤十九	重新将车辆举升至最高位，并锁止举升机		**技术要求**：举升机的操作参见模块一 **特别提醒**：在操作举升机举升车辆时，一定注意检查车辆周围是否有不安全因素存在，并要大声明示举升车辆

续表

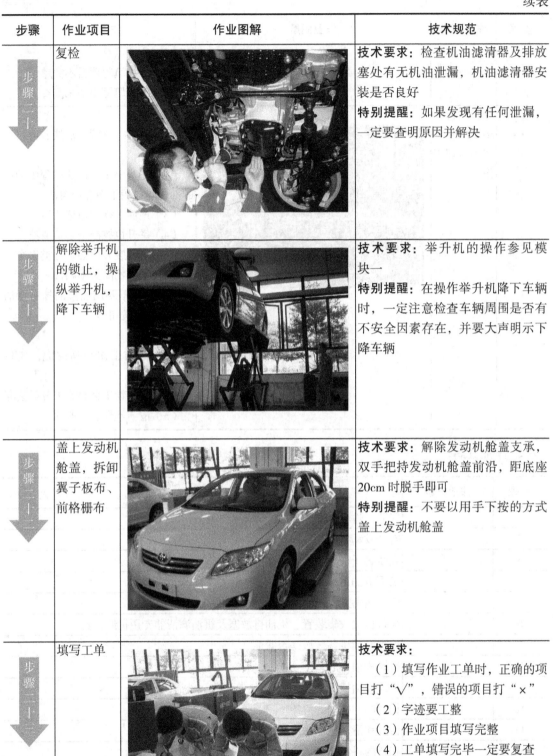

步骤	作业项目	作业图解	技术规范
步骤二十	复检		**技术要求**：检查机油滤清器及排放塞处有无机油泄漏，机油滤清器安装是否良好 **特别提醒**：如果发现有任何泄漏，一定要查明原因并解决
步骤二十一	解除举升机的锁止，操纵举升机，降下车辆		**技术要求**：举升机的操作参见模块一 **特别提醒**：在操作举升机降下车辆时，一定注意检查车辆周围是否有不安全因素存在，并要大声明示下降车辆
步骤二十二	盖上发动机舱盖，拆卸翼子板布、前格栅布		**技术要求**：解除发动机舱盖支承，双手把持发动机舱盖前沿，距底座20cm时脱手即可 **特别提醒**：不要以用手下按的方式盖上发动机舱盖
步骤二十三	填写工单		**技术要求**： （1）填写作业工单时，正确的项目打"√"，错误的项目打"×" （2）字迹要工整 （3）作业项目填写完整 （4）工单填写完毕一定要复查 **易发问题**： （1）未填写作业工单 （2）作业工单填写混乱

模块九 机油、机油滤清器的更换操作规范

续表

步骤	作业项目	作业图解	技术规范
			（3）字迹潦草 （4）工单填写项目不完整 （5）工单填写完毕未复查
步骤二十四	进行设备和场地的5S现场整理工作		**技术要求**： （1）整理、整顿、清洁、清扫、素养 （2）车身上凡是作业过程中动过的部位均应用干净抹布清洁 （3）地面必须用拖把清洁 （4）举升机控制柜必须清洁 （5）所有废弃物必须分类丢弃 （6）所有物品必须归位 **安全警告**：不要用潮湿的抹布清洁电器开关、按钮等 **易发问题**： （1）清洁工作马马虎虎，应付差事 （2）废弃物未丢弃或未分类丢弃 （3）清洁不彻底、漏项

六、作业工单

步骤	作业记录	作业内容
1		安装三件套
2		打开发动机舱盖
3		安装翼子板布和前格栅布
4		旋下机油加注口盖
5		将车辆举升至最高位置
6		准备机油收集装置、机油排放塞及机油滤清器专用拆卸工具
7		检查发动机各区域是否漏油
8		拆卸机油排放塞
9		排放发动机机油
10		拆卸旧的机油滤清器
11		检查和清洁机油滤清器安装表面
12		在新的机油滤清器垫片上涂清洁的发动机机油
13		安装新的机油滤清器（用手）
14		安装新的机油滤清器（用专用工具）
15		更换机油排放塞垫片

步骤	作业记录	作业内容
16		安装机油排放塞
17		用抹布清洁机油滤清器及机油排放塞处
18		解除举升机的锁止,操纵举升机,降下车辆
19		取下机油加注口上的遮挡物,放置漏斗,向发动机内加注新机油
20		检查机油液位
21		发动机暖机
22		重新将车辆举升至最高位,并锁止举升机
23		复检
24		解除举升机的锁止,操纵举升机,降下车辆
25		盖上发动机舱盖,拆卸翼子板布、前格栅布
26		填写工单
27		进行设备和场地的5S现场整理工作

七、教学评价

评价内容	配分	序号	具体指标	分值	学生自评	小组评分	教师评分
仪容仪表	15	1	工作服、鞋、帽穿戴整洁	5			
		2	发型、指甲等符合工作要求	5			
		3	不佩戴首饰、钥匙、手表等	5			
工作安全	25	4	举升机操作正确	5			
		5	无受伤事故发生	5			
		6	车辆防护规范	5			
		7	注意环境保护	5			
		8	启动发动机正确	5			
工作过程	35	9	工具使用正确、规范	5			
		10	机油排放前检查内容全面、仔细	5			
		11	排放塞拆卸、正确	5			
		12	更换排放塞垫片正确	5			
		13	机油滤清器更换正确	5			
		14	正确添加新机油	5			
		15	机油液位检查正确	5			
职业素养	25	16	动作规范,安全环保	5			
		17	学员之间的配合默契	5			
		18	在规定时间完成	5			
		19	填写工单	5			
		20	5S工作	5			
综合得分				100			

模块十

蓄电池的检查规范

一、教学模块名称

蓄电池的检查规范。

二、教学场景设计

带有剪式举升机的作业工位、丰田卡罗拉 1.6AT 轿车、电解液密度检查仪、翼子板布、前格栅布、地板垫、座椅套、方向盘套、多媒体教学设备,教学场景如图 10-1 和图 10-2 所示。

图 10-1 蓄电池的检查规范教学场景(一)

图 10-2 蓄电池的检查规范教学场景(二)

三、工作安全

(1)整个操作过程要严格按照规范进行。
(2)保证教、学人员及设备安全。

四、教学目标和工作任务

1. 教学目标

(1)熟悉蓄电池检查的内容。
(2)掌握蓄电池电解液密度的检查方法。

2. 工作任务

(1)检查电解液液位。
(2)检查蓄电池盒损坏。
(3)检查蓄电池端子腐蚀。
(4)检查蓄电池端子导线松动。
(5)检查通风孔塞损坏、孔堵塞。
(6)测量电解液比重(单格)。

五、作业技术规范流程

步骤	作业项目	作业图解	技术规范
步骤一	安装三件套		**技术要求**：放置地板垫、座椅套和方向盘套
步骤二	打开发动机舱盖		**技术要求**：先在驾驶室内拉起发动机舱盖释放杆；可靠支撑住发动机舱盖
步骤三	安装翼子板布和前格栅布		**技术要求**：翼子板布和前格栅布应居中放置，与车身接触的一侧必须清洁无油污 **安全警告**：放置时避免击打车身而损坏漆面
步骤四	检查电解液液位（目视液位标线）		**技术要求**：察看单元格的液位是否处于上线和下线之间 **特别提醒**：可通过轻轻摇晃汽车的方法进行检查，同时也可以通过拆卸一个通风孔塞并从该开口中查看，来检查电解液液位 **安全警告**：必要加水时一定要加蒸馏水，不许加已经配置好的电解液

模块十 蓄电池的检查规范

续表

步骤	作业项目	作业图解	技术规范
步骤五	检查电解液液位（目视指示器）	电解液液位 1—蓝色（正常）；2—红色（电解液液位不足）；3—白色（需要充电）	**特别提醒**：某些类型的蓄电池可以通过蓄电池指示器查看液位和蓄电池状况
步骤六	检查蓄电池盒		**技术要求**：检查蓄电池盒是否损坏；检查蓄电池盒是否有裂纹或者渗漏，如有则更换 **安全警告**：小心渗漏的电解液与皮肤接触，一旦接触要用大量清水冲洗
步骤七	检查蓄电池桩头是否腐蚀		**特别提醒**：如果蓄电池桩头有氧化物或者腐蚀，应进行清理
步骤八	检查蓄电池端子是否导线松动		**技术要求**：如果蓄电池端子导线有松动现象，应进行紧固处理 **安全警告**：紧固正极极柱时，扳手严禁与车身金属相碰 **易发问题**：扳手与车身金属相碰
步骤九	检查蓄电池通风孔塞		**技术要求**：检查通风孔塞是否损坏、通风孔塞上的孔是否堵塞 **特别提醒**：如果蓄电池通风孔塞损坏，则需要更换，如果通风孔塞上的孔堵塞，则应进行疏通处理

续表

步骤	作业项目	作业图解	技术规范
步骤十	测量电解液密度(单格)并清洗吸管		**技术要求:** 取出电解液密度检测仪,用吸管吸蒸馏水对电解液密度检测仪进行清洁,并对电解液密度检测仪进行校零
步骤十一	清洗吸管后吸出少量电解液		**技术要求:** 用吸管从蓄电池中吸出少量电解液 **安全警告:** 防止电解液黏附皮肤,如有应立刻用大量清水冲洗 **易发问题:** 电解液吸出过多
步骤十二	将电解液滴在电解液密度检测仪的测试板上,盖上电解液密度检测仪的盖板		**技术要求:** 将电解液滴在电解液密度检测仪的测试板上,盖上电解液密度检测仪的盖板 **安全警告:** 防止电解液黏附皮肤或溅入眼睛,如有应立刻用大量清水冲洗并及时就医
步骤十三	察看蓄电池电解液的密度		**技术要求:** 双手将电解液密度检测仪端平,对着光线良好的地方,用眼睛察看蓄电池电解液的密度 **特别提醒:** 蓄电池电解液的密度在20℃(68 ℉)时应为 1.25 ~ 1.29kg/m³

模块十 蓄电池的检查规范

续表

步骤	作业项目	作业图解	技术规范
步骤十四	清洁吸管		**技术要求**：用吸管吸蒸馏水对电解液密度检测仪进行清洁
步骤十五	清结电解液密度检测仪并放回原位		**技术要求**：用干净的抹布清结电解液密度检测仪并放回原位
步骤十六	安装好电解液加注口盖		**技术要求**：安装好电解液加注口盖 **易发问题**：忘记将电解液加注口盖盖上
步骤十七	拆卸翼子板布、前格栅布，盖上发动机舱盖		**技术要求**：解除发动机舱盖支承，双手把持发动机舱盖前沿，距底座20cm时脱手即可 **特别提醒**：不要以用手下按的方式盖上发动机舱盖

续表

步骤	作业项目	作业图解	技术规范
步骤十八	填写工单	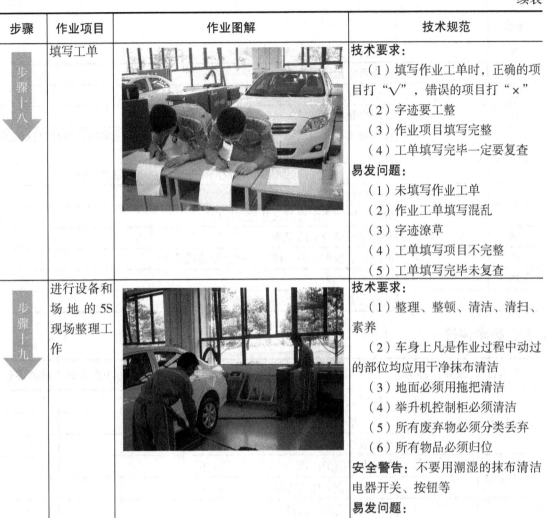	**技术要求：** （1）填写作业工单时，正确的项目打"√"，错误的项目打"×" （2）字迹要工整 （3）作业项目填写完整 （4）工单填写完毕一定要复查 **易发问题：** （1）未填写作业工单 （2）作业工单填写混乱 （3）字迹潦草 （4）工单填写项目不完整 （5）工单填写完毕未复查
步骤十九	进行设备和场地的5S现场整理工作		**技术要求：** （1）整理、整顿、清洁、清扫、素养 （2）车身上凡是作业过程中动过的部位均应用干净抹布清洁 （3）地面必须用拖把清洁 （4）举升机控制柜必须清洁 （5）所有废弃物必须分类丢弃 （6）所有物品必须归位 **安全警告：**不要用潮湿的抹布清洁电器开关、按钮等 **易发问题：** （1）清洁工作马马虎虎，应付差事 （2）废弃物未丢弃或未分类丢弃 （3）清洁不彻底、漏项

六、作业工单

步骤	作业记录	作业内容
1		安装三件套
2		打开发动机舱盖
3		安装翼子板布和前格栅布
4		检查电解液液位（目视液位标线）
5		检查电解液液位（目视指示器）
6		检查蓄电池盒
7		检查蓄电池桩头是否腐蚀

续表

步骤	作业记录	作业内容
8		检查蓄电池端子导线是否松动
9		检查蓄电池通风孔塞
10		测量电解液密度（单格） 清洗吸管
11		吸出少量电解液
12		将电解液滴在电解液密度检测仪的测试板上，盖上电解液密度检测仪的盖板
13		察看蓄电池电解液的密度并记录测得的蓄电池电解液的密度
14		清洁吸管
15		清结电解液密度检测仪并放回原位
16		安装好电解液加注口盖
17		拆卸翼子板布、前格栅布，盖上发动机舱盖
18		填写工单
19		进行设备和场地的 5S 现场整理工作

七、教学评价

评价内容	配分	序号	具体指标	分值	学生自评	小组评分	教师评分
仪容仪表	15	1	工作服、鞋、帽穿戴整洁	5			
		2	发型、指甲等符合工作要求	5			
		3	不佩戴首饰、钥匙、手表等	5			
工作安全	12	4	车辆做好防护工作	6			
		5	电解液检查无伤害事故	6			
工作过程	48	6	正确检查电解液液位	8			
		7	正确检查蓄电池盒损坏情况	8			
		8	正确检查蓄电池端子腐蚀情况	8			
		9	正确检查蓄电池端子导线松动情况	8			
		10	正确检查通风孔塞损坏、孔堵塞情况	8			
		11	正确测量电解液密度（单格）	8			
职业素养	25	12	动作规范，安全环保	5			
		13	学员之间的配合默契	5			
		14	在规定时间完成	5			
		15	填写工单	5			
		16	5S 工作	5			
			综合得分	100			